Abuelos y abuelas custodios de sus nietos y nietas:
voces escondidas, familias olvidadas

Abuelos y abuelas custodios

de sus nietos y nietas:
voces escondidas,
familias olvidadas

⌘

JOSÉ LUIS SIERRA LÓPEZ

FOTO DE PORTADA:
Yohyotzin Edgar Tapia: yohyotzin@gmail.com

DIAGRAMACIÓN Y DISEñO:
Juan Carlos Rueda: endiku_99@yahoo.com

Sugerencia para la citación en APA:
Sierra, J. (2017). *Abuelos y abuelas custodios de sus nietos y nietas: voces escondidas, familias olvidadas*: Autor.

ÍNDICE

JOSÉ LUIS SIERRA LÓPEZ, Ph.D.

Catedrático Asociado de Trabajo Social en la Universidad Interamericana de Puerto Rico, Recinto de Fajardo y Coordinador del Programa Graduado de Trabajo Social. Además de su experiencia docente, ha laborado en áreas como la prevención de maltrato a menores, intervención con personas VIH+, intervención en crisis, intervención social con familias, desarrollo de actividades comunitarias, administración de servicios y otras.

Posee una maestría en Trabajo Social, con concentración en Administración de Servicios, de la Universidad Interamericana de Puerto Rico, Recinto Metropolitano. Fue el primer estudiante en completar todos los requisitos de graduación del doctorado en Trabajo Social de la Escuela Graduada Beatriz Lasalle de la Universidad de Puerto Rico, Recinto de Río Piedras, en mayo de 2007.

En el 2010 publicó *La otra cara de la ubicación y protección de menores en Puerto Rico,* que recoge los hallazgos de su disertación doctoral con la experiencia de abuelos custodios de sus nietos. Este trabajo lo actualiza en el 2017 con *Abuelos y abuelas custodios de sus nietos y nietas: voces escondidas, familias olvidadas.* Coordinó desde el 2007 hasta el 2014 el programa de apoyo para abuelos custodios de sus nietos en la Escuela Francisco Susoni de Arecibo.

Es autor, junto a Juan Carlos Rueda, de la novela *Ana en las tierras de la ternura* y presentó también junto a Rueda, en el 2014, el libro *Tocando Fondo: cuentos para discutir a Puerto Rico* en la Universidad de Connecticut, Universidad de Saint Joseph, State University of Connecticut y en el Centro Cultural Puertorriqueño-Latinoamericano de la Universidad de Connecticut. Ha ofrecido talleres de cuentos y promueve la diversidad a través de la escritura. Ha colaborado en actividades de recaudación de fondos para ESCAPE de Puerto Rico con el texto *La orilla donde sueño: cuentos a partir de Julia de Burgos* y con Casa de la Bondad con *Mujeres puertorriqueñas (1898-2000)*. Actualmente es estudiante del Programa de maestría en Creación Literaria de la Universidad del Sagrado Corazón.

PREFACIO

Esta investigación se realizó como requisito para el grado de Doctorado en Filosofía con concentración en Trabajo Social de la Escuela Graduada de Trabajo Social Beatriz Lasalle de la Universidad de Puerto Rico. El estudio original se tituló: *Políticas sociales y familias diversas: abuelos y abuelas custodios de sus nietos/as* y se condujo bajo la dirección de la Dra. Carmen Delia Sánchez y la supervisión de los doctores Luis Aguirre Esquer y Juan Nazario Serrano. El mismo se defendió en mayo de 2007, ocasión en que los miembros del Comité de Disertación certificaron el trabajo con distinción. En esa fecha me convertí en el primer estudiante de la Escuela en presentar todos los documentos y cumplir con todos los requisitos para el grado, según anunciara la Dra. Norma Rodríguez, Directora de la Escuela, y el Dr. Víctor Iván García Toro, Coordinador del Programa Graduado en se momento.

Para efectos de esta publicación, el estudio se adaptó para que le material pudiera ser útil a diversas poblaciones y disciplinas. La investigación original contiene mayor discusión en el análisis del discurso con respecto a la política, elemento que ayudó a nutrir el estudio.

Este contenido se presentó en una primera publicación en el 2010. La versión presente (2017) actualiza datos de investigaciones, método, recortes de prensa y experiencias del grupo de apoyo para abuelos/as en el escenario escolar desde el 2007 hasta el 2014. Estas experiencias han ayudado a reafirmar que las necesidades y definiciones de las familias aquí entrevistadas siguen siendo cónsonas. Es importante admitir que en el momento de presentar por primera vez esta disertación hubiera querido encontrar mucha más investigación relacionada con la situación social de los abuelos/as y los procesos de crianza y cuido. Sin embargo, no fue así. Ciertamente hoy día existe mucho más conocimiento de las necesidades de los abuelos custodios de sus nietos/as y el tema tiene mucha más visibilidad que años atrás. Los simposios realizados por las trabajadoras sociales Amarillys Alvarado e Inés Rivera y su libro *Abuelos y abuelas... padres y madres en segunda ronda: una población en aumento en nuestro país* (2014), así como los esfuerzos realizados por la actual Procuradora de las Personas de Edad Avanzada de Puerto Rico, la Dra. Carmen Delia Sánchez, han ayudado a que se tenga más presente a estas familias en el marco de las poblaciones vulnerables de Puerto Rico. Las colegas han contribuido grandemente a adelantar esa agenda que compartimos.

Existe la necesidad de hacer estudios comparativos de las realidades sociales-culturales diversas y de continuar vinculando los procesos de política social con las interacciones de los trabajadores/as sociales y las familias en los procesos interventivos. Esa es una agenda futura.

José Luis Sierra, Ph.D.
2017

I. INTRODUCCIÓN

La situación social de los adultos mayores ha sido, por años, foco de estudios e intervención del Trabajo Social. El indicador de pobreza se destaca entre las personas de edad mayor en Puerto Rico. Según diversas fuentes entre el 2000 y 2015 los adultos mayores bajo en nivel de pobreza extrema fluctúan entre un 40 y un 44%. Otra de las situaciones en las que se encuentran muchas personas de edad mayor es la responsabilidad del cuidado de menores (incluidos nietas o nietos, bisnietas o bisnietos). Los abuelos/as se encuentran entre las primeras opciones del Departamento de la Familia en la ubicación de los menores en casos de remoción del hogar materno o paterno (Sánchez, 2005).

La figura tradicional de familia continúa reconociéndose como una compuesta por padre y madre, en unión legal, con la principal función de reproducción y socialización de los menores (Longress, 2000). Esta composición representó un 51% de las familias en el año 2000, reflejando una reducción de menos familias de padres y madres presentes en el 2010, para un 45% (*U. S. Census*, 2010). Los abuelos/as con la custodia de los nietos/as representan una composición familiar "no tradicional", teniendo diferencias en los roles, procesos de vida y otras particularidades.

El estudio del rol de los abuelos/as se ha ido ampliando en los últimos años (Botcheva y Feldman, 2004). Entre estos roles se encuentran: proveer apoyo a hijos/as y nietos/as en momentos de crisis (divorcios, separaciones, viudez y otras) y su presencia es indicador de identidad y continuidad generacional (Sánchez, 2005). Son vistos, además, como árbitros activos entre padres e hijos con respecto a valores y comportamientos que pueden ser importantes para la continuidad familiar y guardianes de la familia, puesto que proporcionan protección o atención a los miembros familiares, estableciendo relaciones intergeneracionales activas. Estos actúan como mediadores de la familia, ayudando a los hijos adolescentes y a sus padres a resolver diferencias.

Durante la década de los '80, los gerontólogos/as comienzan a examinar las diversas dimensiones de estudio de los abuelos. En la década de los '90 se amplía particularmente al estudio de los abuelos/as que crían a sus nietos/as (Thomas, Sperry, y Yarbrough, 2000), lo que hace un tema reciente el estudio de los abuelos/as custodios de sus nietos/as (Estrella, 2005; López, 2005).

Tanto estudios como especialistas en el área han concluido:

Familias

- La necesidad de redefinir el concepto *familia*, más allá del aspecto biológico (De Toledo, 1995; Longress, 2000; Payne, 2005).
- Que como consecuencia de los cambios en la composición y estructura de las familias modernas, algunas podrían enfrentar conflictos relacionados con la diversidad de intereses, edades, roles, espacios, recursos y metas de vida, sociales y económicos (García, 2013; López, 2003).

- Que estos cambios en las estructuras de familia han tenido como resultado el aumento de familias de abuelos/as que asumen la responsabilidad de sus nietos/as (Simson, 2005).

- El número de niño/as que se crían en hogares de abuelo/as se ha duplicado en los últimos años.

- Actualmente, los adultos se están convirtiendo en abuelos a menor edad y pasan más tiempo de sus vidas en este rol cuando se les compara con las generaciones previas (Sánchez, 2005).

- Entre los primeros estudios sobre abuelos/as en los Estados Unidos, se encuentra el estudio de Neugarten y Weinsten en 1964, el cual clasifica a los abuelos/as custodios de sus nietos/as como un "estilo de ser abuelo" (Estrella, 2005).

Diferencias de las familias

- Que los retos que enfrentan los abuelos/as custodios de sus nietos/as son diferentes a los padres (Norward y Williams, 2005).

- Las cortes son propensas a apoyar la reunificación familiar y los derechos predominantemente de los padres (De Toledo, 1995). Esto implica que los derechos que se protegen son los de los padres biológicos y no los de otras familias, como lo son los abuelos/as custodios. Es necesario que para los abuelos/as existan procesos políticos/legislativos que fomenten la dirección de los derechos humanos sobre toda discusión (Grosman, y Herrera, 2011).

- La falta de recursos legales de los abuelos custodios agrava la situación pues muchos casos implican procesos de adopción, custodia legal o determinar el estatus de cuidadores primarios (Hayslip y Kaminski, 2005).

- El sistema de bienestar público promueve las situaciones de inequidad, puesto que determina los servicios utilizando solo el tamaño o ingreso de las familias (Dear, 1995; Hanson, 2004). De esta forma, las políticas sociales influyen y determinan las relaciones y las situaciones sociales de las familias de los abuelos/as que crían a sus nietos.

- Es necesario que políticas sociales y servicios aseguren que las familias tengan acceso a beneficios como asistencia pública, programas de alimentos, Medicaid y otros (Cox, 2000).

- Para la mayoría de los abuelos cuidadores, utilizar los servicios de atención primaria de salud para sus propios cuidados es problemático dados los extensos compromisos de tiempo que conlleva la crianza de sus nietos (Withley y Kelley, 2015).

Abuelos y abuelas

- El estudio *Abuelos/as con la custodia de los nietos/as*, reportó que un 94% pertenecían al género femenino y un 50% de estos eran casados/as (Moreno, Rivera, Santiago, y Solis, 1995). En Puerto Rico, el 43% de los nietos/as en familias de abuelos/as custodios de sus nietos/as está a cargo de las abuelas (Estrella, 2005).

- Ha sido poco el estudio que se ha dedicado a los abuelos (varones) custodios de sus nietos/as. El estudio de Colomer y Mc Callion en (Fuller Thomson et al., 2005) encontró que los abuelos (varones) custodios estaban preocupados particularmente con la pérdida de libertad dada las responsabilidades de los menores. Además, les preocupaba que el deterioro de su salud fuera a afectar el cuidado de los menores. Los autores señalan además que los abuelos tienden a experimentar menos depresión en niveles clínicamente representativos en comparación con las abuelas.

- Se ha encontrado que los abuelos varones tienden a comenzar y asumir el cuido más que las féminas, pero estas últimas lo mantienen por más tiempo (INFAD, 2008).

- El 61% de ellos son menores de 60 años (Censo en Alvarado y Rivera, 2014).

Características de las familias

- Estudios indican la importancia que le atribuyen los abuelos y abuelas a su rol, asumiendo este como uno positivo y de gran satisfacción en la vida (Thomas et al., 2000).

- Que muchos menores en familias de abuelos/as custodios de sus nietos/as demuestran niveles de desarrollo más bajos, dificultades en el proceso de aprendizaje y destrezas de socialización y la inhabilidad de enfocar en tareas específicas (Van del Kolk en Hayslip, 2000).

- Los niños/as en cuidados alternos, como en el caso de los abuelos/as, experimentan sentimientos de pérdida, coraje y otros, los cuales les dificulta mantener relaciones de confianza con el personal de la escuela y compañeros/as de clase (Kennedy en Hayslip, 2000).

- Goldberg-Glen (en Hayslip, 2000) establece que los abuelos/as se sienten frustrados porque sienten que no pueden ayudar a sus nietos/as con las tareas escolares.

- Ehrle y Day en Sánchez (1999) entrevistó abuelas, las cuales respondieron que criar a sus nietos/as era la tarea más importante que tenían que realizar y opinaron que sus nietos/as le brindaban alegría y satisfacción personal. Para muchos abuelos/as con la custodia de los nietos/as su experiencia sirve para tener sentido de seguir viviendo, aumento de autoestima; establece una relación enriquecedora, creatividad y sentido de logro y sentido de satisfacción ser cuidadores de sus nietos/as (Moreno en Estrella, 2005; Hayslip y Kaminski, 2005; Sánchez, 2005).

- En España el 70% de las mujeres mayores de 65 años han cuidado a sus nietos o los cuidan en la actualidad (Morán, 2007).

- El tiempo de cuido de los nietos varía, pero comienza desde las 4 horas diarias hasta los 7 días de la semana (INFAD, 2008).

- En algunos casos, los abuelos cuidadores que residen en residencias para personas de la tercera edad están obligados a trasladarse a otra residencia porque se prohíbe a los niños vivir en dichas residencias. Esto puede ser una tarea cara o casi imposible para las familias de bajos ingresos que procuran encontrar una residencia basada en las tasas de vivienda actuales, porque el acceso a las viviendas públicas es sumamente limitado (Whitley y Kelley, 2015).

Acceso a la educación

- Los abuelos/as tienden a no asistir a las reuniones escolares por miedo a actuar de manera inadecuada (Hayslip, 2000).

- Los abuelos/as custodios de sus nietos/as demuestran tener dificultades en lidiar con los maestros/as, administradores y grupos de estudios en el sistema escolar (Norward y Williams, 2005). El personal de las escuelas no tiene las destrezas o sensibilidad para trabajar con las familias de abuelos/as custodios de los nietos (Hayslip, 2000).

- El derecho de los niños/as a unas experiencias educativas justas es minimizado. La función de los/as maestros/as es importante en la prevención y tratamiento de problemas de salud en los niños/as. No obstante, debido a que el maestro/a trabaja generalmente con alumnos que solo presentan problemas médicos menores, es muy probable que tienda a desechar las causas patológicas y busque las razones del fracaso académico y/o de la mala conducta en el sistema individual, motivacional y afectivo del estudiante. En parte, por su formación que da más importancia a las ciencias de la conducta y minimiza las bases biológicas del comportamiento. El maestro/a debe entender que el estado médico del estudiante afecta indudablemente al aprendizaje y que es primordial el poseer conocimiento cabal del desarrollo y de los efectos del funcionamiento físico sobre el proceso de aprendizaje (Haslam, 1983).

- Muchas de estas familias tienen problemas para matricular los menores en las escuelas (Ehrle en Hayslip y Kaminski, 2005).

- Los hallazgos en el estudio de Kittagawa y Hauser (Programa de Educación para la Salud propuesto por la Fundación Mexicana para la Salud, 2000) señalan que la educación es el determinante socio-económico más importante guardando una relación muy estrecha con la mortalidad, proporcionando un indicador confiable del riesgo de morir. La explicación es que la educación se adquiere tempranamente y una vez adquirida se mantiene casi invariable a lo largo de la vida; en cambio, la ocupación y el ingreso económico pueden sufrir grandes variaciones, por lo tanto, la educación parecía estar más directamente relacionada con las conductas saludables.

Salud

- Los abuelos/as enfrentan deterioro de sus condiciones físicas, económicas y emocionales, las cuales se reflejan a través de estresores psicológicos (Joslin, 2002; Pinazo y Ferrero, 2003); depresión (Estrella, 2005; Joslin, 2002; Thomas et al., 2000); abandono de su salud física (Rogers; Joslin y Brouard en Joslin, 2002) y deterioro en su salud general (Marx & Solomon en Joslin, 2002).

- Estrella (2005) menciona que otras de las consecuencias pueden ser: falta de destrezas para lidiar como padres en un nuevo proceso de paternidad, confusiones de rol (padre/abuelos), transformación del tiempo libre, inseguridad financiera, problemas de salud y poco apoyo social.

- Los abuelos y abuelas que están criando nietas o nietos pueden expresar sentimientos bajos de satisfacción de vida y altos niveles de ansiedad o depresión (Vacha-Haase en Sánchez, 2005). La depresión tiende a ser mayor en aquellos abuelos/as que recién asumen la custodia o cuido (Thomas et al., 2000).

- El grupo de personas de edad mayor tiende a padecer de condiciones crónicas (en ocasiones más de una) y una de cada tres personas mayores de 65 años padece de alguna limitación en su movilidad o cuidado personal (Sánchez, 2005).

- La incidencia de enfermedades como depresión, diabetes, hipertensión e insomnio es mayor entre los abuelos/as custodios quienes a menudo refieren tener mayores dificultades en realizar actividades diarias en comparación con sus iguales (Minkler en Hayslip y Kaminski, 2005; Thomas; Sperry; Yarbrough, 2000).

- Muchos abuelos/as custodios sufren además por la razón que los ha llevado a cuidar a sus nietos, ya sea muerte o encarcelación de sus hijos/as, vergüenza, culpa y ansiedad por la enfermedad de su hijo/a o la muerte por SIDA (Joslin en Hayslip, 2005). Cuando los abuelos cuidan a sus nietos por causa del SIDA o abuso de drogas, esto puede causar su aislamiento porque se avergüenzan de reconocer públicamente estas cuestiones, lo cual los aísla más de las necesarias redes sociales (Roe and Minkler en Withley y Kelley, 2015). Al tener que enfrentar algunas de estas circunstancias, los abuelos/as asumen la responsabilidad de cuidar a sus nietos/as para evitar que sean ubicados en hogares de crianza (Estrella, 2005).

- Estudios cualitativos sugieren que algunos de los menores que se crían con los abuelos/as tienen problemas de salud significativos. Esto incluye asma y otros problemas respiratorios, sistemas inmunológicos más débiles, pobres hábitos de alimentación y otros (Dowdell en Hayslip, 2000). Otros estudios sugieren (Thomas, Sperry, Yarbrough, 2000) que las diferencias en términos de la salud y aprovechamiento académico de los menores que crecen con abuelos/as son mínimas en comparación con los que crecen en familias tradicionales de padre y madre.

- Los abuelos/as custodios tienden a estar aislados, lo que puede estar relacionado con las demandas del rol de padres. Esto tiene que ver con que reportan sentirse solos en la situación y creen que sus iguales no se pueden relacionar o entenderlos/as. Es necesario mayor estudio en términos de explorar los efectos del aislamiento de los abuelos/as custodios y los problemas de salud que contribuyen a estos efectos (Erhle en Hayslip y Kaminski, 2005). También tienden a sentirse solos y con poco apoyo social (Estrella, 2005).

- Estrella (2005) reporta que el 72% de los abuelos/as tienen que trabajar para poder mantener a sus nietos/as. Aquellos abuelos/as que tienen que reducir su estatus de empleo a tiempo parcial o abandonar los mismos, enfrentan serias limitaciones en el ingreso, seguros médicos y otros beneficios (Odulana; Camblin & White; Simon-Rusinowitz en Joslin, 2002). Muchas abuelas que dejan sus empleos para cuidar a sus nietos pierden su ingreso y beneficios (ejemplo beneficios de salud) (Musil en Hayslip y Kaminski, 2005).

- Dubowitz y Sawyer en (Thomas et al., 2000) sugieren que los abuelos/as tienden a acceder al cuidado de menores que tienen problemas de conducta, más que otros familiares más jóvenes. En estudios diferentes, realizados por Hayslip y Mayer (en Thomas et al., 2000), se encontró que cerca de la mitad de su muestra de abuelos/as custodios de sus nietos/as reportó estar cuidando menores con problemas de conducta, emocional, problemas relacionados con la escuela y problemas neurológicos.

- La variable edad asociada a la salud promueve mayor satisfacción en la crianza de los nietos en abuelos entrevistados (INFAD, 2008).

- Según un informe de Macomber & Geen en el 2002, basado en la Encuesta Nacional de Familias de América (NSAF), 48% de 770 nietos que viven con abuelos cuidadores experimentan cierto nivel de inseguridad en la alimentación (es decir, insuficientes alimentos que duran un mes entero en el hogar o algunos adultos que comen pequeñas porciones o se saltan comidas para poder alimentar a todos) (Whitley y Kelley, 2015).

Servicios

- Entre los servicios de que carecen los abuelos/as con la custodia de los nietos/as, los Departamentos de Salud y Educación no les ofrecen o dificultan obtener las ayudas necesarias para sus nietos (Pruchno en Rivera et al., 2002). Esto a pesar de que se ha demostrado que entre los servicios más necesarios son: asistencia económica, atención médica, servicios psicológicos y/o psiquiátricos, amas de llaves y asesoría legal (Moreno et al., 1995).

- El estudio realizado por Rivera y otras (2002) establece que las abuelas cuidadoras se sienten cansadas por el poco apoyo que reciben de las agencias gubernamentales.

- El estudio *Impacto Psicosocial del acogimiento familiar en familia extensa: el caso de las abuelas y los abuelos acogedores* (Pinazo y Ferrero, 2003), de naturaleza cualitativa, sugiere la necesidad de crear programas preventivos y de intervención para las familias de abuelos/as a cargo de los nietos/as. Coincide Sánchez (2005) cuando recomienda que se promueva el establecimiento de programas intergeneracionales y el desarrollo de este campo de estudio.

Pobreza

- Estudios han demostrado que las familias de abuelos/as custodios de los nietos/as son más pobres que familias lidereadas por los padres (Simmons y Lawler, 2003).

- La vulnerabilidad económica de los abuelos/as con la custodia de los nietos/as, es documentada en el estudio de la Asociación Americana de Personas Retiradas (AARP en Joslin, 2002), el cual encontró que el 56% de los abuelos/as jefes/as de familias tienen ingresos menores de 20,000 y tienen dificultades económicas relacionadas al cuido de los menores (Kelley en Thomas; Sperry; Yarbrough, 2000). Joslin (2002) menciona, además, que cerca del 25% de los menores vivían bajo los niveles de pobreza.

- Existe un por ciento mayor de pobreza de estas familias (19%) en comparación con otros tipos de familias con niños/as (con un 14%) (Censo en Hayslip & Kaminski, 2005).

- El estudio realizado por López (2003) concluye que los niños/as removidos de sus hogares fueron colocados en áreas de igual o mayor nivel de pobreza que sus familias de procedencia. En Puerto Rico, la ex-secretaria del Departamento de la Familia, Yolanda Zayas, confiesa: "reconocemos que los niños/as tienen unos gastos y que muchos abuelos/as no pueden costearlos" (Millán, 2003, 24 de agosto-c).

- Según Yolanda Zayas, en Puerto Rico la ley Título IV E, conocida como la *Ley de Seguridad Social*, permite que se le ofrezca al familiar una ayuda económica provisional mínima de $300.00 mensuales

por cada niño/a que tenga bajo custodia temporera. Este arreglo es posible solo mientras el tribunal determina a quién le dará la custodia permanente (Millán, 2003, 24 de agosto-c). La preocupación se agrava en el caso de aquellos abuelos/as
con la custodia permanente de los nietos/as u otor-
gada por el tribunal o arreglos familiares, los cuales
no cuentan con este ingreso.

• Se ha encontrado que los abuelos que cuidan a sus
nietos son predominantemente provenientes de las
hijas, lo que indica que estos están apoyando las
demandas laborales de estas (INFAD, 2008).

• En los Estados Unidos una necesidad primordial de
los abuelos que tienen custodia es el acceso a recursos económicos estables y suficientes. Según el
Urban Institute (2003), 54% de todos los nietos del
país son criados por sus abuelos, cuyos ingresos son
inferiores por un 200 por ciento del umbral federal
de pobreza (Whitley & Kelley, 2015).

Retos de la Diversidad

Por años, los estudios de la biología, zoología y
otras disciplinas de las Ciencias Naturales han utilizado el
término *diversidad* refiriéndose a las especies y organismos
en un ecosistema (Instituto de Investigaciones del Mar,
2005). El Trabajo Social ha definido *diversidad* como:

• Un amplio rango de diferencias entre las personas,
que incluye aquellos relacionados con raza, etnici-

dad, trasfondo cultural, lugar de origen, edad, habilidades mentales y físicas, espiritualidad, valores, orientación sexual y género (Kirst, 2006).

- Las diferencias entre grupos con características distintivas e identidades sociales basadas en la cultura, etnia, género, edad, orientación sexual, religión, habilidad y clase social (Soest y García en Rosa, 2007).

Los términos *multiculturalismo* y *diversidad cultural* se han utilizado indistintamente para incluir aspectos diversos de la identidad del ser humano e incluyen: lenguaje, educación, orientación espiritual/religiosa y otras dimensiones culturales (*American Psychological Association*, 2003). El reto se transforma en iniciar toda intervención social desde una visión conceptual que considere y valore las diferencias y a su vez que tome en cuenta aquellos significados, discursos y realidades de cada individuo o grupo.

Otro gran reto implica el reflexionar con respecto a la diversidad dentro de nuestras propias dinámicas contextuales y culturales. Esta diversidad cultural aseguraría la búsqueda de transformaciones sociales más justas considerando acciones hacia la inclusión de todos los grupos.

En las Ciencias Sociales el estudio de la diversidad cobra relevancia a tal punto que es considerado un movimiento social que tiene como reto el esfuerzo de aumentar la inclusión de poblaciones diversas (*National Center for Disability Research*, 2005). A pesar de esto, la diversidad cultural requiere una agenda que trascienda el discurso de su propio reconocimiento para poder transformarse en un verdadero movimiento social. El Trabajo Social ha sido asertivo en acoger y relacionar la necesidad de esta visión en la disciplina; no obstante, se requieren acciones transformadoras tangibles dirigidas al respeto y la inclusión de estos grupos diversos en la sociedad. Este es el reto que presenta la diversidad: trascender el reconocer las diferencias como seres humanos y enfrentar una agenda de cambio. Esta agenda de acción tiene como llamado urgente atender uno de los grupos sociales más diversos: la familia.

Trasfondo de la ideología tradicional de familia

La trayectoria histórica de la familia y su desarrollo ha sido rescatada por Friedrich Engels tan reciente (históricamente) como en el 1861. Aunque muy lejos de ser la primera forma de familia en la historia de la humanidad, Engels establece el origen que da pie a la familia patriarcal que conocemos hoy día (Engels y Marx, 2001). Esta fórmula fue creada por los romanos para designar un nuevo organismo social cuyo jefe tenía bajo su poder a la mujer, los hijos y a cierto número de esclavos con la patria potestad romana y el derecho de vida y muerte de todos ellos. El concepto *familia*, proveniente de "famulus", quiere decir esclavo doméstico; por lo que ese grupo es el conjunto de los esclavos pertenecientes a un mismo hombre. Marx (2001) atribuye este surgimiento a los antagonismos que se desarrollan más adelante en la sociedad y en el Estado. La monogamia nace entonces de la necesidad de la concentración de grandes riquezas en las mismas manos, las de un hombre, y del deseo de transmitir esas riquezas por herencia a los hijos de ese hombre, excluyendo la transferencia a cualquier otro. La vinculación de las condiciones económicas con la monogamia y lo que hoy conocemos como familia, fue entonces exagerada por la religión (Engels y Marx, 2001).

La creación de la familia tradicional tuvo su nacimiento en los intereses del poder económico y sirvió para la eventual consolidación del modelo económico capitalista, facilitando el mantenimiento de las riquezas en los grupos de poder. La "familia tradicional" entonces nace y con el tiempo se consolida como un grupo de poderío social y económico. Estos principios fueron acogidos por dogmas religiosos de la época, los cuales tenían íntima relación con los asuntos del Estado.

La creación de esa composición "tradicional" fue una política romana que respondía al interés económico y que se ha ido anquilosando en los sistemas sociales y culturales a través del tiempo.

Frecuentemente en la prensa se destacan movimientos a favor de la composición tradicional de familia. Sin embargo, resulta contradictorio que aún la composición referida como "tradicional" no existe, puesto que incluso esta ha ido cambiando en términos de sus funciones y tareas (García, 2013; Louw, 2006). Entonces el reconocimiento de la familia que muchos tratan de "conservar" es inexistente.

Muchas de estas discusiones han basado los argumentos en la necesidad del reconocimiento de parejas/familias en términos legales y heterosexuales. Las contradicciones se manifiestan en la situación de los abuelos/as custodios de sus nietos/as. Socialmente, las parejas de abuelos/as custodios de sus nietos/as se consideran familia, mientras están en una relación heterosexual, siempre y cuando estén legalmente casados. Sin embargo, no necesariamente para formar una familia hay que estar matrimoniado, ya que pueden haber uniones consensuales, así como otros arreglos (Sánchez, 2005).

Existen parejas que conviven, a veces por décadas, pero son invisibles en las leyes, en comparación con los matrimonios. La familia es la de un padre, una madre y sus hijos —llamada *tradicional* o *nuclear*— y todos las demás arreglos son atacados y menospreciados (Shokooh, 2006, 2 de septiembre). Queda evidenciado así cómo los aspectos estructurales inciden en el desarrollo y las relaciones sociales de las personas, tal y como lo ha propuesto el Trabajo Social.

La diversidad familiar actual dificulta el intento de recopilar y abarcar reglas que determinen las composiciones familiares, por lo que este tiene que ser definido por los grupos. El Estado no considera diversos arreglos familiares a través de las políticas sociales. Esta fórmula ha quedado clara a través de las manifestaciones de grupos de poder religiosos y los propios/as diseñadores de políticas, quienes abiertamente promueven esta figura tradicional.

El hecho de que en la actualidad el Estado reflexione sobre su propia creación del entendido de familia, debe ser reconocido como uno relevante, puesto que, aparte de la discusión de la separación religiosa, el concepto Estado ha comenzado a reconocerse como uno que trasciende y comienza a adaptarse a las necesidades de los seres humanos.

La demarcación tan precisa de este grupo social familiar "tradicional" propone los restantes grupos fuera de la norma. Por tanto, al realizar intervención social, es necesario examinar el propio concepto "no tradicional" cuando este se convierte en una categoría de trabajo. Según Matus (2001):

> Para el Trabajo Social, un área especialmente relevante la constituye el partir poniendo en cuestión la categoría con la cual se va a trabajar: niños/as de la calle, pobres, menores en situación irregular. No es posible conceder que en Trabajo Social no se profundicen los fundamentos que hacen surgir estos enunciados, ya que de allí surgen un cúmulo de contradicciones que se van a expresar no solo en una comprensión del problema, sino que se traducirán, sin lugar a dudas, en diferentes formas de intervención social. (p.32)

El concepto de *familias no tradicionales* tiene que ir al baúl histórico del Trabajo Social. La propuesta consiste en incorporar el concepto de *familias diversas*. Esta incluye todas las composiciones y todos los grupos; aquellas "históricamente tradicionales", aquellas que no lo eran pero que son cada vez más frecuentes en nuestra sociedad y aquellas que surgen cada día. Es posible proponer la necesidad de incluir en aquellas actividades propias de la profesión, no solo las consideraciones para trabajar o intervenir con las familias de abuelos/as custodios de sus nietos/as, familias del mismo sexo, familias de jefas de familias, sino también incluir familias heterosexuales. Estas composiciones poseen también características, implicaciones y dinámicas particulares que merecen destacarse en los procesos de estudios de familia. Sin embargo, no se pretende obviar o desalentar esa fórmula particular. Según Louw (2006), la familia tradicional, con la cual se ha educado a los trabajadores sociales, se ha convertido en todo menos un fósil. ¿Qué era la familia tradicional?: el padre era el proveedor principal y cabeza, la madre estaba a cargo de cuidar y trabajar en las tareas del hogar, a cargo de los menores, pero aún esos significados han cambiado. Es decir, aunque la composición familiar "tradicional" no ha desaparecido del todo, se ha transformado a través del tiempo, en sus diversos significados, costumbres y tareas.

Los cambios en la estructuras de familia han tenido como resultado el aumento de familias de abuelos/as que asumen la responsabilidad de sus nietos/as (Simson, 2005). El Trabajo Social debe entender las composiciones de familia, desde sus propias construcciones, las cuales trascienden roles, figuras, vivienda o costumbres. Esto implica centrar el interés de la intervención social en la calidad de las relaciones emocionales entre los miembros de la familia y las fuerzas externas (sociales, políticas y económicas) que influyen en estas. Los formularios, documentos o formatos de trabajo con los que el Trabajo Social labora, tienen que ser abiertos y permitir las diversas composiciones, promoviendo entender esas diversas construcciones y no determinar las mismas. De esta forma, el Trabajo Social tiene el reto de facilitar el entendimiento de la construcción y no determinarla.

Familias tradicionales, familias diversas

La definición más común del concepto *familia* es de varias personas relacionadas por lazos de parentesco, ya bien sea por sangre, matrimonio o adopción, que comparten una vivienda y satisfacen unas necesidades emocionales en común (Sánchez, 2005). La familia es la unidad básica de la convivencia humana; es el lugar de residencia común (Roque, 2005). Sin embargo, la familia nunca permanece estática, sino que pasa de una forma inferior a una forma superior a medida que la sociedad evoluciona (Morgan en Engels y Marx, 2001). Estas se encuentran en un continuo cambio en la medida que se han modificado las condiciones económicas (Engels en Roque, 2005). Estos cambios quedan evidenciados a través de sus consistentes transformaciones de la familia en los últimos años (Longress, 2000; Quiñonez de Rodríguez, 1975; Sánchez, 1999). Las constantes transformaciones deben reconocer que la familia es un grupo dinámico, cambiante y, por ende, con características multiculturales diversas. No obstante, la visión general social, se aleja de una diversa; y se reconoce tradicionalmente una fórmula específica y no amplia.

La institución familiar tradicional es vista predominantemente como una institución heterosexual en donde sus miembros son legalmente casados, con niños/as; (Longress, 2000; Richman y Cook, 2004; Sánchez, 2005), tiene un esposo como cabeza de la familia; el mismo tiene autoridad sobre la esposa y los hijos; este tiene un rol diferente a la esposa en términos de ser el responsable del ingreso y se presume que la familia vive en una residencia separada o propia (Longress, 2000; Sánchez, 2005). Esta familia está compuesta por dos sexos; y los padres como subsistema rector elaboran paulatinamente su representación del modelo social de familia (Roque, 2005).

En términos de roles, mientras el trabajo se considera el más importante para los hombres, la maternidad se considera necesaria para la plena realización de la mujer como adulto (Rossy en López, 2005). Se espera que la madre esté bien informada sobre lo que es mejor para los niños/as o niñas en términos de salud, educación y desarrollo emocional, además de ser principal responsable de las tareas domésticas (López, 2005; Sánchez, 2005). El estatus privilegiado del hombre, su autoridad, sus recompensas y su mayor acceso a los recursos, en comparación con la mujer, le permiten asumir un tipo particular de relación; esto es, un rol de juego y afecto con los hijos, mientras las madres se ocupan de los demás aspectos rutinarios de la crianza y cuido. El padre se percibe como poderoso y competente. Existe una creencia de que la principal responsabilidad de una buena mujer es criar a sus hijos (López, 2005). Estos roles sexuales tradicionales son apoyados por el sistema educativo y los medios masivos de comunicación (Sánchez, 2005). Un modelo similar de lo que debe ser la familia se refleja en las leyes, en el sistema de bienestar social y en la economía, cuando se habla de la unidad básica de consumo (Schulz en Sánchez, 2005).

A pesar de este conservadurismo ideológico, proveniente principalmente de la herencia hispana, las familias están cambiando dramáticamente en respuesta a una serie de factores. Las familias cambian respondiendo a normas culturales variables, que parecen existir independientemente de los miembros individuales de una sociedad, como respuesta a los desarrollos tecnológicos, tales como la intervención de la televisión, de los métodos contraceptivos; y a veces respondiendo a cambios residenciales o cambios en la situación social (clase social) (Sánchez, 2005).

Las familias en Cuba no están exentas de cambios. La crisis económica de los '90 ha promovido transformaciones en la familia; transformaciones en la dinámica, los roles; ha aumentado las familias de tipo extensiva; ha aumentado el número de personas que arriban a la tercera edad y la convivencia de estas en un hogar con dificultades económicas, donde las tensiones diarias hacen vulnerable al adulto mayor (Roque, 2005).

Las diversas formas y composiciones de familias en Puerto Rico son sugeridas por el censo de los Estados Unidos (*U. S. Census*, 2000 y 2010). Cuando se define *familia* como pareja y sus descendientes es un grupo mayoritario, puesto que se ha demostrado que más de 1/5 parte de las familias en Puerto Rico no responden a este modelo nuclear tradicional (con niños/as en el hogar) (López en Rodríguez y Figueroa, 2006). Esta cantidad se ha reducido porque mientras en el 2000 un 51% de las familias respondían a esta fórmula, en el 2010 es solo un 45%.

Familias con padre y madre presentes

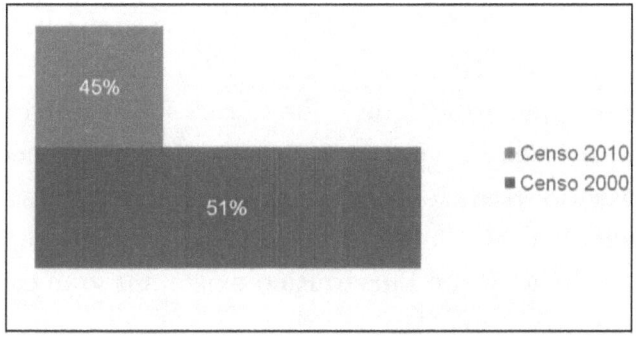

Menciona Sánchez (2005):

> Tres cambios principales han afectado la estructura
> y organización de la familia en los últimos tiempos.
> En primer lugar, cambios en su estructura y el mo-
> mento en que toman lugar los eventos en el ciclo
> de desarrollo por la posposición de la edad de ca-
> sarse, descenso en casamientos y nacimientos, au-
> mento en divorcios y aumento en familias con jefa-
> turas solas, sin la presencia de cónyuge. Segundo,
> cambios marcados en los roles de la mujer, o sea,
> un aumento en el número de mujeres trabajando
> fuera del hogar, muchas de ellas con niños/as en
> edad preescolar. Tercero, un envejecimiento de la
> población; según disminuye la mortalidad y au-
> mentan las expectativas o esperanzas de vidas de la
> población, disminución de las tasas de nacimiento e
> incremento, en muchos casos, de movimientos
> emigratorios principalmente de gente joven. (p. 9)

La evidencia de los cambios en la familia no es reciente. La típica familia americana, de una pareja, casados y con niños/as, se torna cada vez menos representativo de la vida familiar (Humm et al., 1994). Algunos autores mencionan que no se debe a que se rechace el matrimonio, sino a los roles de género asignados, lo que ha hecho la composición tradicional disminuir cada vez más como institución social (Goldscheider en Enright, 1994). Según el Censo de 2010, en Puerto Rico existe una gran cantidad de diversidad en las familias como se muestra a continuación:

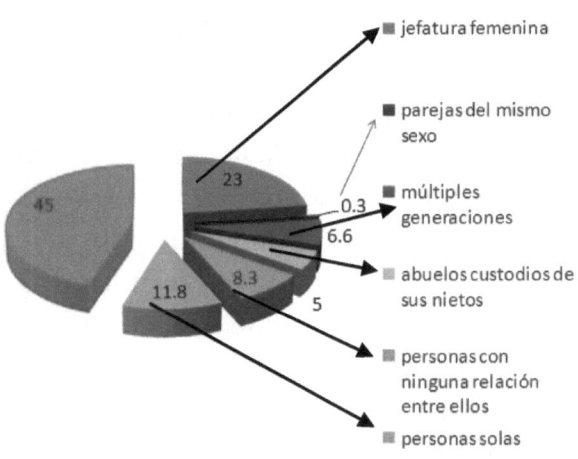

Entre los diversos factores para esta disminución se encuentran: la mayor independencia económica de las mujeres, mayor aceptación de parejas que viven juntas sin casarse (Porter & O'Donell, 2006, 17 de septiembre), los efectos de la industrialización y el modernismo (Sánchez, 2005). Otro de los factores es que, al unirse más mujeres a la fuerza laboral, se volvieron menos dependientes del salario de los hombres. Más de 70% de las mujeres de 25 a 45 años trabaja en la actualidad, frente a aproximadamente la mitad de esa cifra hace 30 años (Porter & O'Donnell, 2006, 17 de septiembre). Ante esto, se tiende a visualizar como evidencia de desorganización o crisis en la familia, pero igualmente, estos eventos pueden ser vistos como una forma emergente de organizar la vida familiar ante un mundo cambiante (Sánchez, 2005). No necesariamente para implantar una familia hay que estar en matrimonio, ya que puede haber uniones consensuales, uno de los progenitores puede faltar o los hijos no necesariamente son en común (Roque, 2005).

Las familias cambian en respuesta a factores externos, como resultado de la decisión de sus miembros de que cambie y como resultado de su propia condición de desarrollo. Son diversas las composiciones actuales de familias. No obstante, las diferencias y variaciones que se producen, la familia desempeña unas funciones básicas: las de reproducción, socialización, cuidado y protección de sus miembros, así como la de cooperación económica entre estos. En las últimas décadas, la familia se ha enfrentado a una serie de cambios demográficos que ameritan ser tomados en consideración (García, 2013; Sánchez, 2005). La relatora especial de Naciones Unidas sobre Violencia contra la Mujer, Radhika Coomaraswamy, establece que no se debería definir la familia mediante una construcción formalista, nuclear, la de marido, mujer e hijos/as solamente (Carter, 2006). El Trabajo Social tiene el reto de trabajar y apoyar cada vez más las existentes variaciones en estructuras familiares. Entre estas se encuentran como ejemplo: familias de un padre/madre; familias adoptivas o reconstruidas; parejas que cohabitan; parejas homosexuales y lesbianas y personas solas (Longress, 2000).

Adultos mayores: abuelos/as con la custodia de los nietos/as en Puerto Rico

Es importante definir cuándo comienza la etapa de vejez y cómo se determina esta. De forma arbitraria, el inicio de la vejez está ubicado alrededor de los 65 años, asociándolo con la productividad laboral o jubilación (Quintero, 2002). De la misma manera, en Puerto Rico es determinado por la edad establecida por el Seguro Social y la etapa de jubilación. Quintero (2002) menciona, además:

> Las sociedades establecen una jerarquía de edades, no existe ninguna que sea universalmente aceptada. Por eso, atribuir un límite de edad para el comienzo de la vejez siempre es un criterio relativo que necesariamente implica un juicio de valor que depende de los que en una sociedad se considere como lo más importante o deseable. (p. 78)

La población de adultos mayores es la población de más rápido crecimiento en la sociedad actual. El número de personas de 60 años o más a nivel mundial se estima en 629 millones en el 2002 y se proyecta que aumente a 2 billones en el año 2050 que seremos el 21% de la población mundial y más del 30% en la población de 60 países. Hace unos años el 7% de la población mundial tenía 65 años o más, hoy es el 12% (*United Explanations*, 2016). La población de adultos mayores a nivel mundial reside en Asia (54%), mientras que Europa tiene la próxima porción mayor (24%). Actualmente, una de cada diez personas a nivel mundial tiene 60 años o más. La población mayor de 65 años será el doble en los próximos 25 años. Para el 2030, una de cada cinco personas (alrededor de 72 millones de personas) tendrá 65 años o más. La Organización de Naciones Unidas proyecta que para el 2050 será una de cada seis (Sánchez, 2003). El grupo de mayores de 65 años es el segmento de la población de crecimiento más rápido (Grobman, 2006). La salud de las personas está mejorando, aun así muchas personas tienen necesidades especiales y sufren de enfermedades crónicas. La población de personas de edad mayor no es un grupo homogéneo; está constituido por una gran diversidad de personas con edades diferentes (Sánchez, 2003; Quintero, 2002).

En los Estados Unidos se proveen menos beneficios a las personas de edad mayor en comparación con otros países. Kingston (2004)vdice que muchos países permiten el retiro temprano; a los 60, en 9 países, y a los 55, en Italia. Más significativo aun, los beneficios de pensión para retirados/as tempranamente es mayor en Francia (91%), Italia (75%), Alemania (62%), comparado con los Estados

Unidos (41%). En la mayor parte de estos países se ha proyectado ser mayor en el 2050, donde el promedio se estima en un 11.4% de aumento, comparado con 7.8% en los Estados Unidos.

Para el año 2000 se reportaron 425,137 personas mayores de 65 años en Puerto Rico, para un 11.2 % de la población. Alrededor de 92,673 de estas son jefes y jefas de familia. En general, el 25.4% de las familias en Puerto Rico tienen personas mayores de 65 años como parte de su núcleo (*U. S. Census*, 2000). Para el 2010 se estima que 16 de cada 100 personas son parte de este sector de la población (Universia, 2015). En Puerto Rico se estima que tres cuartas (3/4) partes de las personas mayores de 65 años son abuelos/as (Sánchez, 2005).

La pobreza ha sido uno de los indicadores tradicionales de las personas de edad mayor. Según el Censo (2000), 417, 218 personas de 65 años o más se encuentran bajo el nivel de pobreza en Puerto Rico. Más recientemente, un estudio de la Universidad Católica de Puerto Rico estableció que el 40% de los adultos mayores (65 años o más) en la Isla tiene ingresos que los colocan en el nivel de pobreza extrema (Universia, 2015). En 20 años este dato se ha mantenido entre el 40 y el 44% de la población de adultos mayores bajo el nivel de pobreza en Puerto Rico. A pesar de los adelantos que se han logrado en los pasados 20 años, todavía existe una gran proporción de personas de edad mayor marginados y viviendo en estado de pobreza (Enright, 1994). Entre la población de edad mayor, es la mujer la que tiene dos veces más posibilidad de vivir en pobreza que el hombre (Sánchez, 2005, Enright, 1994).

En Puerto Rico la tasa de niños y niñas que viven en pobreza (545,485 o 56%) es más del triple de la de los Estados Unidos como un todo (18%) (*The Annie E. Casey Foundation*, 2010). Esa misma fuente indica que más de la mitad (51%) de los niños y las niñas viven en familias donde no hay un padre o madre empleado a tiempo completo durante todo el año.

Complejidades en las relaciones sociales de los niños y abuelos

El Departamento de Servicios Sociales (hoy Departamento de la Familia) reportó durante el año fiscal 1991-1992 sobre 20,000 casos de niños/as removidos de sus hogares (Moreno et al., 1995). Según estadísticas recopiladas por la Escuela Graduada de Trabajo Social, Beatriz Lasalle, para agosto del 1999, la composición de niños/as y jóvenes removidos de sus hogares biológicos en Puerto Rico y colocados en algún hogar de crianza (sustituto o temporero) fue de 7,787 menores. Un promedio de 30 niños/as son removidos de sus hogares mensualmente en Puerto Rico (Barreto, 2004). Del total de niños/as removidos, el 66% (3,139) fueron ubicados con un recurso familiar (López, 2003). En marzo de 2003, la Secretaria de la Familia, Yolanda Zayas, reportó un total de 10,681 menores en el programa de cuidado sustituto. De estos, 1,855 menores pasaron a la custodia permanente de algún familiar, pero no pudo determinar cuántos se ubicaron con los abuelos/as (Millán, 2003, 24 de agosto-b).

Para los años 2012-13, el Departamento de la Familia reportó que la tasa de referidos por maltrato de menores de Puerto Rico fue de 38 referidos por cada 1,000 menores de 18 años (Disdier, Lugo e Irizarry, 2015). Este mismo perfil arroja que el 60.2% de los menores fue referido por alegada negligencia, 46.2% por alegada negligencia emocional y 22.6% por alegado maltrato físico. El 2.4% de los menores fue referido por alegado abuso sexual, y estos fueron principalmente féminas (68.3% en féminas vs. 29.8% en varones). En el caso de los casos fundamentados: "fue de 7,847 menores víctimas de maltrato en Puerto Rico; esto representa una tasa de 9.6 menores víctimas de maltrato por cada 1,000 menores residiendo en la Isla". Asimismo "el 48.7% de los menores fueron féminas, el 47.4% varones y para el 3.9% no se pudo obtener información sobre su género. Las tasas de maltrato más altas se observaron en niños(as) de 5 años o menos".

En los Estados Unidos, en 1970, se reportó un total de 2.2 millones de niños/as cuidados por sus abuelos/as (*National Comitee* en Rivera et al., 2002). En la década del '90, en los Estados Unidos, un 78% de los adultos sobre la edad de 55 años eran abuelos/as (Purnell y Bagby en Sánchez, 1999). El censo de 1990 demostró un dramático aumento de 3.7 millones (Lugalia en Joslin, 2002), lo que representó un 5% de los niños/as con sus abuelos/as (Sánchez, 2005). En el 1997 se reportó la suma de 3.9 millones de menores a cargo de los abuelos/as, para un aumento de un 5.5% de los menores (Kinsella y Velkoff, 2001). Entre los datos que se recopilaron para el año 2000, el Congreso de los Estados Unidos (como requerido por la ley *Personal Responsability and Work Opportunity Reconciliation Act* del 1996), estableció la identificación en el censo nacional de: cuántos abuelos/as viven con sus nietos/as, si eran responsables o no de ellos (cuidadores primarios) y el tiempo por el cual han tenido la responsabilidad. Esa data cruza con edades, género y otras variables. El censo del 2000 es el primero en identificar los abuelos/as cuidadores primarios de sus nietos/as (Simmons y Lawler, 2003). El mismo identificó un total de 5.8 millones de familias de abuelos/as que viven con nietos/as menores de 18 años. Esto representó un 5% de los niños/as en los Estados Unidos que viven con los abuelos/as (Sánchez, 2005). De estos, 2.4 millones (42%) eran cuidadores primarios o responsables de los menores y el 39% ha tenido su cuidado por 5 años o más (*U. S. Census*, 2000). Entre las características de los abuelos/as custodios de los nietos/as se encontró que la mayoría eran menores de 65 años (72%), un 77% son abuelas y un 54% están casados (Fuller en Hayslip, 2005). El 37.3% son abuelos/as con la custodia permanente de los nietos/as (*U. S. Census*, 2000). El estado de Nueva York tiene más de 143,000 abuelos y abuelas que son responsables de proveer las necesidades básicas de sus nietos. Además, hay 409,000 niños que viven en viviendas a cargo de sus abuelos o de otros parientes *(Hispanic PR. Wire, 2003)*. En los Estados Unidos un 18.8% de los abuelos/as que viven con los nietos/as se encuentran bajo el nivel de pobreza (Simmons y Lawler, 2003).

Lamentablemente esta información valiosa para la revisión y creación de políticas públicas se redujo en la recopilación de datos del Censo. Como se observa en la gráfica, la información que se solicita se redujo del Censo del 2000 al del 2010:

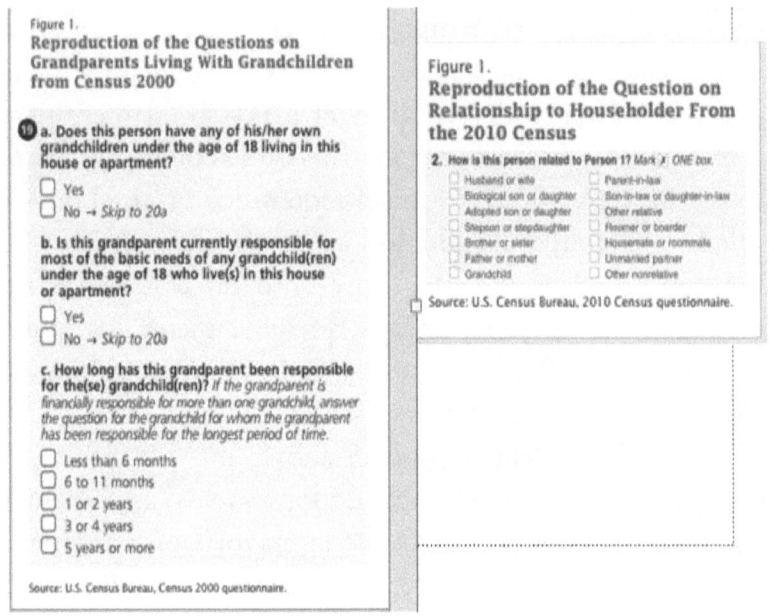

Figure 1.
Reproduction of the Questions on Grandparents Living With Grandchildren from Census 2000

19 a. Does this person have any of his/her own grandchildren under the age of 18 living in this house or apartment?

☐ Yes
☐ No → Skip to 20a

b. Is this grandparent currently responsible for most of the basic needs of any grandchild(ren) under the age of 18 who live(s) in this house or apartment?

☐ Yes
☐ No → Skip to 20a

c. How long has this grandparent been responsible for the(se) grandchild(ren)? *If the grandparent is financially responsible for more than one grandchild, answer the question for the grandchild for whom the grandparent has been responsible for the longest period of time.*

☐ Less than 6 months
☐ 6 to 11 months
☐ 1 or 2 years
☐ 3 or 4 years
☐ 5 years or more

Source: U.S. Census Bureau, Census 2000 questionnaire.

Figure 1.
Reproduction of the Question on Relationship to Householder From the 2010 Census

2. How is this person related to Person 1? Mark ✗ ONE box.

☐ Husband or wife
☐ Biological son or daughter
☐ Adopted son or daughter
☐ Stepson or stepdaughter
☐ Brother or sister
☐ Father or mother
☐ Grandchild
☐ Parent-in-law
☐ Son-in-law or daughter-in-law
☐ Other relative
☐ Roomer or boarder
☐ Housemate or roommate
☐ Unmarried partner
☐ Other nonrelative

Source: U.S. Census Bureau, 2010 Census questionnaire.

Según la encuesta de comunidades estadounidenses de 2005, se estimó que hay 5.7 millones de abuelos que residen con sus nietos en su hogar; 2.4 millones de abuelos residen y son los cuidadores principales de sus nietos, lo cual representó 42% de todos los abuelos que residen con sus nietos (*U. S. Census Bureau*, 2006). Las abuelas constituyen la mayor proporción (63%) de estos cuidadores y las familias afroamericanas representan la mayoría (52%) de todos los abuelos que cuidan a sus nietos (*U. S. Census Bureau*, 2006). La región sureña de la nación tiene el mayor porcentaje (47.2%) de los abuelos que cuidan a sus nietos; la proporción de estos que viven en la pobreza es también es la más alta en el sur (23%) (Whitley & Kelley, 2015).

Según Kinsella y Velkoff (2001), en algunos países la cantidad de abuelos/as que proveen cuidado de sus nietos es alta. Este cuidado se considera desde el cuido por horas hasta los abuelos/as con la custodia de los nietos/as. En Estados Unidos, el 29% de los menores eran cuidados por los abuelos/as (típicamente las abuelas) debido a que los padres trabajaban (Smith en Kirisella, 2001). Debido a la falta de cuidos adecuados en muchos países del este de Europa y naciones de la antigua Unión Soviética, el cuidado de las abuelas (llamadas *babushkas*) a los menores es un aspecto integral en las dinámicas de la familia. En países de Asia, en donde el compartir residencias es común, la cantidad de abuelos/as que cuidan a sus nietos es considerablemente alta. En Filipinas, Tailandia y Taiwán, aproximadamente 40% de la población de 50 años o más viven en un hogar con un menor de 18 años. Al igual que en los Estados Unidos, en los países de Asia la mayor parte de las cuidadoras son abuelas (Chan en Kinsella, 2001).

El informe *Abuelos/as custodios de los nietos/as* (basado en los datos del Censo del 2000), establece la relación de los abuelos/as cuidadores por raza. Entre las que se consideraron: blancos, africano-americano, indígena americano y nativo de Alaska, asiáticos, nativos hawaianos y otras islas del Pacífico, hispanos y otras razas. Este informe menciona que las dos razas que menos por ciento reportan tener abuelos/as con la custodia de los nietos/as son la hispana y la asiática, para un 34.7% y 20% respectivamente. Los autores mencionan que a pesar de los patrones culturales familiares que son representativos de las culturas hispanas y asiáticas, estas son "menos responsables por sus nietos/as y en algunos casos pueden ser dependientes ellas mismas" (Simmons y Lawler, 2003). Una de las limitaciones del análisis es que no consideró la proporción de la cantidad de personas versus la cantidad de abuelos/as custodios. Hayslip (2005) menciona que, en proporción, los africanos-americanos tienen un 4.3% y los hispanos un 2.9%, en comparación con los blancos-americanos con un 1% de abuelos/as cuidadores. Además, el análisis pierde de perspectiva las tendencias de inmigración, lo que implica que los abuelos/as de muchas de estas familias están en sus países de origen, lo que les limita a ser recursos, se les prohíbe la entrada al país o son cuidadores/as en sus países de origen mientras los padres trabajan en los Estados Unidos. Esto no solamente puede reflejar las razones por las que los abuelos/as tienden a ser menos custodios de los nietos/as, sino que, además, muchas personas envejecen en ese país lejos de las familias de origen, por lo que pueden tener menos redes familiares cercanas y ser más dependientes. Esto, aparte de otros indicadores, como pobreza y otros, que sufren las personas de edad mayor. Esto concuerda con Joslin (2002) cuando establece que en los Estados Unidos, los abuelos/as de familias africanas-americanas y latinas, tienden a aceptar más la responsabilidad de los menores, aun teniendo bajos recursos (Fuller-Thompson, Minkler y Driver en Joslin, 2002).

Recientemente esa relación no ha variado grandemente. Las abuelas constituyen la mayor proporción (63%) de estos cuidadores y las familias afroamericanas representan la mayoría (52%) de todos los abuelos que cuidan a sus nietos (*U. S. Census Bureau*, 2006). La región sureña de la nación tiene el mayor porcentaje (47.2%) de los abuelos que cuidan a sus nietos; la proporción de estos que viven en la pobreza es también es la más alta en el sur (23%) (Whitley & Kelley, 2015).

La situación de las personas de edad mayor en Puerto Rico es complicada. En Puerto Rico no existe políticas públicas para estas familias (Rivera et al., 2002). Los abuelos/as son uno de los grupos más vulnerables de nuestro país (Estrella, 2005). El censo del 1990 reportó localmente 126,012 niños/as viviendo con sus abuelos/as (Moreno et al., 1995). En Puerto Rico se estima que tres cuartas partes (3/4) de las personas mayores de 65 años son abuelos/as y la mitad de todos los abuelos/as serán bisabuelos (Sánchez, 2005). El censo del 2000 definió *abuelos cuidadores* como *los que viven con uno o varios menores en el hogar, tengan los abuelos/as la responsabilidad primaria por su sostén o sea por el tiempo que hayan determinado* (*U. S. Census*, 2000). Los abuelos/as que viven en el hogar con uno o más nietos/as menores de 18 años ascendieron a 133,881 (*U. S. Census*, 2000). De estos, 70,341 (53%) son custodios responsables de su sustento y 31,528 han sido responsables de los nietos/as durante 5 años o más (Millán, 2003, 24 de agosto-a), lo que representa un 44.8% (Simmons & Lawler, 2003). El 11% de los abuelos/as tenía a su cargo nietos/as por más de 5 años; tienen la tutoría de bebés de menos de 6 meses el 8%, de bebés entre 6 y 11 meses el 21%; de infantes de 1 a 2 años (14, 762) y el 15%, de niños/as de 3 a 4 años (Millán, 2003, 24 de agosto-a). Para el 2010, un total de 59,815 abuelos vivían con sus nietos/as para unos 74,801 niños/as (Censo 2010). De estos, 56, 214 abuelos son cuidadores principales de los nietos/as (Estrella, n.d.). Los datos estadísticos más recientes presentados por el Instituto del Desarrollo de la Juventud (2015) establecen que un 47% de los abuelos estaba a cargo de la crianza de sus nietos (Irrizarry, 2016).

Comparación de datos por cada 10 años en Puerto Rico

Censo	1990	2000	2010
Abuelos/as cuidadores/as primarios responsables de los nietos/as		70,341 Abuelos/as son responsables por sus nietos/as	56, 214 abuelos son responsables por sus nietos/as
Niños/as o abuelos/as viviendo juntos	126,012 niños/as viviendo con sus abuelos/as	133,881 abuelos que viven en el hogar con nietos/as	74,801 niños/as son cuidados completamente por sus abuelos

Como todo dato, es importante su análisis en su contexto. No es posible concluir una reducción de abuelos que viven con los nietos como un triunfo social. Algunos especialistas dicen que es importante analizar el alza de adultos mayores que han tenido que permanecer o regresar a la fuerza laboral para el sustento (Alvarado y Rivera, 2014). Esto puede implicar una imposibilidad en asumir la tarea del cuido y los menores podrían estar requiriendo otros recursos sociales. Otro posible elemento es el que las familias han ido empobreciendo mucho más, en especial los adultos mayores, lo que puede implicar que muchos de estos recursos, que pueden ser los mejores, ya no están disponibles. La alta emigración a los Estados Unidos también presenta interrogantes en tanto los abuelos/as no están cerca de los nietos para asumir la custodia o cuido. Esto propone ver cuáles son los recursos que tienen en el exterior.

Políticas sociales y protección de menores

En casos de remoción, los abuelos/as son los primeros recursos para atender los nietos (Sánchez, 2005). El objetivo de los hogares de crianza (sustitutos) es el de proveer un hogar temporero que garantice el bienestar a niños/as y jóvenes que por alguna razón han sido expuestos a situaciones de maltrato, abuso, abandono o incapacidad de los padres o tutores (López, 2003). Muchos de los niños/as que están bajo la custodia de los abuelos han sido colocados allí por situaciones de los padres, ya sea porque tienen alguna enfermedad emocional (Jendrek en

Estrella, 2005; Moreno et al., 1995), son parte del sistema correccional (Estrella, 2005; Joslin, 2002; Millán, 2003, 24 de agosto-b; Pinazo y Ferrero, 2003), negligencia, uso de sustancias, abandono, muerte por VIH/ SIDA (Joslin, 2002; López, 2003; Millán, 2003, 24 de agosto-b; Millán, 2003, 24 de agosto-c; Minkler en Moreno et al., 1995; Sánchez, 2005), desempleo, pobreza, embarazo en adolescentes y deambulismo (Estrella, 2005). En el caso de Puerto Rico, Japhet Colón, Director del grupo *Confraternidad Carcelaria*, refiere que cerca de la mitad de los hijos de las personas confinadas en instituciones penales en Puerto Rico están bajo la tutela de familiares (Millán, 2003, 24 de agosto-a). Algunas situaciones que en un principio se consideraban temporales, terminan siendo permanentes (*New York Presbyterian Hospital*, 2005). La responsabilidad puede ser a través de vías legales, custodia permanente o provisional, u otra modalidad de arreglos o acuerdos familiares sin que medie base legal (Rivera, 2002). Estos arreglos pueden ser formales, en donde media la ubicación por el Estado, o informales, donde no existe intervención del Estado (Simson, 2005). Mucha de esta población confronta dificultades laborales, financieras, de salud y vivienda que interfieren con sus planes de vida y jubilación (Alvarado y Rivera, 2014; Serra-no, 2015, 5 de febrero).

Estudios han revelado que el personal de las agencias de bienestar social no siempre consideró a los abuelos/as como la mejor opción en la reubicación de un niño/a removido del hogar, puesto que los profesionales tenían la creencia de que las disfunciones familiares se extendían dentro de la familia biológica (Rivera et al., 2002). La reubicación de niños/as en hogares de familias, especialmente abuelos/as, representa un cambio de modalidad de décadas anteriores (Hegar en Rivera, 2002). Esta modalidad es resultado de cambios en la política pública que trata de responsabilizar e involucrar a la familia en la solución de los problemas de sus miembros. Esto como mecanismo para la disminución de la gestión gubernamental, ya que si la familia se hace cargo del menor menos responsabilidades tendrá el Estado hacia este/a (Rivera et al., 2002).

Entre las primeras opciones del Departamento de la Familia en la ubicación de menores (en casos de remoción) los abuelos/as son los primeros en ser llamados para atender a los nietos/as (Sánchez, 2005) y son recomendados como recursos para la ubicación de los menores (Moreno et al., 1995). A pesar de esto, actualmente el Departamento de la Familia no posee estadísticas de la cantidad de menores que han sido ubicados con sus abuelos/as. El número de niños/as removidos se incluye en el renglón de los menores ubicados con recursos familiares.

López (2003) concluye que los niños/as removidos de sus hogares fueron colocados en estructuras familiares tradicionales. Se reconoce que los abuelos/as con la custodia de los nietos/as son formados por una relación heterosexual y tienen niños/as a su cargo, lo que para todos los efectos podrían considerarse tradicionales. Sin embargo, la responsabilidad que tienen los abuelos/as hacia los menores varía de la de los padres biológicos puesto que, en ocasiones, responde a la presión de *haber fallado* con sus propios hijos/as, debido a las razones por las que estos no pueden cuidar de los menores al momento (Alvarado y Rivera, 2014; Sánchez en Millán, 2003).

En los casos de remociones y ubicación en hogar sustituto, los abuelos/as tienen el mismo estatus legal que cualquier hogar de crianza. Estos abuelos/as tienen una custodia temporera, mientras el Departamento de la Familia mantiene la custodia legal de los menores. Esto implica que los abuelos/as no tienen la total prerrogativa en la toma de ciertas decisiones y tienen que consultar al Departamento de la Familia en algunas circunstancias. Uno de los problemas legales es la necesidad de que el tribunal certifique que tienen la custodia permanente al momento de intervenciones quirúrgicas de los menores (Millán, 2003, 24 de agosto-c).

Políticas sociales como *No Child Left Behind*, del 2001, tienen como propósito asegurar que todos los niños/as tengan oportunidades justas, equitativas y significativas a través de una educación de alta calidad y que puedan alcanzar los estándares académicos mínimos. La exclusión de las familias de abuelos/as custodios de sus nietos/as en las políticas sociales es señalada por Norward y Williams (2005) en el estudio *No Grandchildren Left Behind: Educational Issues Faced by Grandparents*. Este estudio registró que la palabra *abuelo* se encuentra en la ley 5 veces y la palabra *nieto/a* solo 1 vez (en el contexto indígena-americano) en todas las 9,536 secciones de la ley. En esta misma ley, la palabra *padres* (refiriéndose a padre y madre) aparece 651 veces. Explican las autoras que, dada la alta cantidad de abuelos/as custodios de sus nietos/as, debieron ser más considerados en los textos.

Algunos de los problemas que presentan los abuelos/as con la custodia de los nietos/as están relacionados con el escenario escolar (Norward & Williams, 2005; Pinazo & Ferrero, 2003; Rivera et al., 2002). Los sistemas escolares están incapacitados para manejar las necesidades que requieren familias no tradicionales, dificultándose así la identificación y respuesta de las necesidades de las mismas. Los niños/as que crecen en cuidados alternos, particularmente en estado de pobreza, enfrentan una serie de conflictos que afectan la habilidad de funcionar en la escuela y en el hogar (Hayslip, 2000). En el año 2000, la media de abuelos/as cuidadores bajo el nivel de pobreza era de 18.8% en los Estados Unidos mientras que en Puerto Rico era de 58.3%. Actualmente datos sugieren que ese porciento permanece (Alvarado y Rivera, 2014). Este dato es también una preocupación en Puerto Rico. La gerontóloga Carmen D. Sánchez ha dado la voz de alerta sobre la necesidad de apoyar a los abuelos/as, dado que pueden carecer de las destrezas para ayudarlos a hacer las asignaciones (Millán, 2003, 24 de agosto-b).

Además de la ausencia de políticas sociales integrales que asistan económicamente a las familias de abuelos/as con la custodia de los nietos/as, los abuelos/as enfrentan programas inadecuados e insustanciales como los propuestos por la política *Personal Responsability and Work Opportunities Act* del 1996 (Joslin, 2002). La ayuda que se presta a las familias es limitada, temporera y condicionada, además de que no se ajusta a las necesidades ni a la realidad de estas. El 92% de los abuelos/as con la custodia de los nietos/as reciben beneficios de Seguro Social y el 85% no recibe ningún beneficio de *Temporary Assistant for Needed Families (TANF)* (Simson, 2005). Desde la década del 1980, para la comunidad internacional relacionada a la salud, las organizaciones de base comunitaria son clave para hacer estos servicios accesibles, económicos y aceptables socialmente (Mosley, 1984).

Muchos abuelos simplemente no saben con qué recursos pueden contar y cómo acceder a ellos. Como resultado, los costos económicos asociados con la alimentación, ropa y costos de salud para sus nietos se convierten en una carga privada (Whitley y Kelley, 2015). Investigaciones sugieren la necesidad de educar a los proveedores de servicio acerca de las necesidades individuales de los abuelos/as custodios de los nietos/as, de manera que se hagan más accesibles y actúen como defensores de estas familias (Hayslip y Kaminski, 2005). Dado el peso que implica ser abuelo/a custodio de nietos no es raro que esto ocurra y que exista una alta necesidad de apoyo para estas personas (Sánchez, 2005). Se recomienda, además, el estudiar las consecuencias en el contexto familiar cuando al abuelo asume un rol de cuidador, así como reconceptualizar la construcción social de ser abuelo y la relación abuelo-nieto (Estrella, 2005).

Hablar de *abuelidad* implica reflexionar sobre un tema cercano a nuestras vidas, pero ausente en el mundo de la investigación en la región del Caribe. Ser abuelo nunca antes en la historia había asumido un rol de tanto significado ante las necesidades y transformaciones sociales de nuestros países, por lo que esto representa un nuevo reto para la sociedad, el Estado y los profesionales dedicados a esta temática (Estrella, 2005). El desempeño de este rol también ha experimentado una evolución significativa: es evidente que los abuelos hoy han cambiado, pues ya no nos referimos a ellos como personas pasivas, ausentes de todo interés y expectativa, sino como personas relativamente jóvenes, que asumen su proceso de envejecimiento con una visión positiva (Gutiérrez y Herráiz en García, 2013).

El aumento en diferentes estructuras familiares que se alejan de la tradicional presenta como relevante el estudio de las relaciones de estas con las políticas sociales actuales. Todavía quedan vestigios del origen de la composición tradicional en las formas en que el Estado promueve, diseña e instala sus políticas, lo cual es reflejado en políticas sociales mencionadas que obvian las composiciones no tradicionales, siendo esta figura tradicional la de reconocimiento social y de hegemonía.

La pluralidad y diversidad de la categoría familia tienen que ser la realidad que oriente la concepción y administración de los servicios a ofrecerse a la familia (Sánchez, 2005). Si las políticas sociales no parten de esa pluralidad y diversidad hay que reflexionar sobre el rol del Estado como promotor de condiciones de vulnerabilidad en familias que no cumplen esa definición tradicional. Se torna relevante preguntar: ¿contribuye el Estado a la permanencia de las figuras tradicionales, mientras la realidad social es otra? De esta forma, es necesario contrastar las figuras de tradicionalidad y realidad social y demostrar cómo estas, en ocasiones, se encuentran dispares. ¿Cómo se puede lograr que el Estado asuma la obligación de reconocer las diversas composiciones de familia en los procesos de política social?

Los abuelos/as son representados en la sociedad como un símbolo de afecto y de sabiduría, pero irónicamente reciben muy poco apoyo social (Estrella, 2005). Menciona Sánchez (2005) que otro de los roles es que los abuelos/as son figuras importantes en la construcción social de la historia familiar para los miembros jóvenes, interpretando y conectando el pasado con el presente y futuro. El abuelo/a recobra la historia individual, es portador del pasado y potenciador del futuro (Quintero, 2002).

Los abuelos/as muchas veces se convierten en confidentes de los nietos/as (Sánchez, 1999). Recientemente se ha comenzado a estudiar la relación abuelos-nietos, en especial cuando los abuelos tienen la función de ser custodios de sus nieto/as (Sánchez, 2005).

La importancia de atender las políticas sociales que afectan las personas de edad mayor es fundamental. Enright (1994) establece que:

> Es tiempo de recordarle a los otros, y quizá a nosotros mismos, que la escasa visión de las políticas gerontológicas no tiene mucho sentido. A la larga todos/as seremos personas de edad mayor. Si por la falta de acción en cambiar políticas, somos injustos con nuestra generación de viejos/as, esas mismas regresarán y nos perseguirán a todos y cada uno de nosotros —niños/as, familias, personas trabajadoras— en la medida que nos movamos a esas etapas de vida. (p. 346)

II. CONTEXTO CONCEPTUAL Y METODOLÓGICO: TEORÍA CRÍTICA

Métodos: Investigación Cualitativa

La investigación cualitativa es definida como *un cuerpo de conocimientos que conforman los distintos diseños y estrategias de investigación que producen datos o información de naturaleza textual, visual o narrativa, los cuales son analizados, a su vez, mediante medios no matemáticos* (Lucca y Berríos, 2009). La investigación cualitativa no solo nos acerca a la realidad para entenderla sino para transformarla. Su interés es conocer cómo piensan y actúan los individuos en situaciones comunes y cotidianas (Rodríguez, 2006) y le brinda especial atención al contexto en que ocurre el objeto de estudio o en el cual se desenvuelve el sujeto de la investigación (Lucca y Berríos, 2009).

Según Lucca y Berríos (2003), el origen de la investigación cualitativa se remonta incluso desde que el ser humano tiene la capacidad de abstracción y comunicación. Sin embargo, más concretamente, algunos autores ubican esta tradición desde la época de los griegos (Denzin y Lincoln, 2000). Otro momento histórico importante se remonta en la época de los exploradores y conquistadores, los que, en sus cuadernos de bitácora, describían en lujo de detalles, entre otras cosas, las gentes encontradas en otras tierras, sus costumbres, el paisaje, la flora y fauna del lugar, las peripecias de los viajes y las enfermedades (Lucca y Berríos, 2003). En el periodo que va desde finales del s.19 hasta la década del 1930, adquieren su madurez diversas técnicas cualitativas como la observación participante y la entrevista a profundidad (García, Gil, y Gómez, 1999). En la sociología, los trabajos de la Escuela de Chicago (entre 1920 al 1930) establecieron la importancia del enfoque cualitativo en el estudio de la vida humana (Denzin y Lincoln, 2000; García et. al., 1999). Entre las aportaciones de esta Escuela se encuentran el reconocer la interacción social como la fuente de donde emergen los símbolos, los significados y las personalidades (Lucca y Berrios, 2009). Entre la década de los 1930 al 1950 se produce un declive en el interés por el enfoque cualitativo, contrario a la década del 1960, que fue marcada por el cambio social y el resurgimiento de los métodos cualitativos (García et al., 1999). La fase modernista, que se extiende desde la post-guerra hasta el 1970, continuó valorando el realismo social, naturalismo y la etnografía (Denzin y Lincoln, 2000). El desarrollo de lo que hoy día es esta metodología, continúa su transformación histórica hasta llegar a la etapa post moderna (1990-1995) propuesta por Denzin y Lincoln (en Lucca y Berríos, 2003), cuando se desarrollan trabajos de investigación en colaboración con equipos de investigadores. Según explican Lucca y Berríos (2003), es en este momento, cuando se enfoca en las narrativas y las nuevas epistemologías, que los trabajos son más representativos de la crítica social y los problemas y situaciones que se investigan son más específicos. También mencionan Lucca y Berríos (2003) que en los últimos 5 años del siglo XX la fase post experimental se manifiesta como momentos de búsqueda de alternativas diferentes para presentar los narrativos. Denzin y Lincoln en Schettini y Cortazzo (2015) afirman que es a partir de los '80 que se produce una *crisis de representación* en las Ciencias Sociales que parte de la problematización de temas de género, clase social y raza que terminan impulsando una práctica más reflexiva de la investigación social.

La metodología cualitativa continúa desarrollándose en el campo de la Educación y las Ciencias Sociales, desafiando la sistematización y cientificidad de la investigación cuantitativa tradicional. Es de esta forma que la metodología cualitativa se compromete en contestar un sinnúmero de posibilidades y cuestionamientos que no puede hacer la matemática cuantitativa. La utilización de esta puede acercar y considerar argumentos relacionados con el estudio y los vínculos estructurales en el comportamiento humano, a partir de la teoría crítica.

Lucca y Berríos (2009) destacan que el producto de esta metodología es generalmente un escrito extenso, en el que prima la narrativa analítica, cuyo propósito es brindar un cuadro interpretativo del fenómeno bajo escrutinio, apoyado en citas textuales y ejemplos de la información obtenida en el proceso de inquirir. Estos mismos autores añaden que es mediante el paradigma cualitativo de investigación que se pueden atender adecuadamente interrogantes que van dirigidas a examinar procesos, acontecimientos, contenidos, interacciones sociales, en fin, a examinar con profundidad y detalle la información recopilada para lograr un entendimiento cabal de los fenómenos que se estudian.

Menciona Denzin y Lincoln (2000) que la investigación cualitativa define su propósito en el contexto de la teoría crítica. A partir de ahí, la metodología cualitativa enmarca la interpretación de la realidad (ontología) moldeada por el contexto socio-histórico-político-económico-cultural y los valores. Esta realidad evoluciona con el tiempo (Lucca y Berríos, 2003). Esta metodología no tiene variables ni leyes, sino narrativas y comparaciones (Delgado & Gutiérrez, 1994). Los estudios cualitativos pueden trabajarse desde una perspectiva humanística, ya que se enmarcan en los fundamentos filosóficos de la fenomenología, el existencialismo y la hermenéutica, para entender la conducta humana desde el propio marco de referencia de las personas estudiadas (Bogdan y Taylor; Jacob en Lucca y Berríos, (2009). Este tipo de estudio es utilizado para examinar los eventos ordinarios y las actividades diarias de comunidades, organización, clientes, practicantes del Trabajo Social y la prestación de servicios sociales, todos particularmente de interés para el desarrollo de conocimiento del Trabajo Social (Menon y Cawger en Burgos, 2011).

El enfoque cualitativo nos recuerda que cada individuo tiene su propia historia social y perspectiva individual del mundo (Denzin y Lincoln, 2000). Vasilachis en Burgos (2011) explica que la persona que lleva a cabo este tipo de investigación construye una imagen compleja y holística, analiza palabras, interactúa con las personas participantes y conduce el estudio en una situación natural. El abordaje del estudio de los abuelos los abuelos/as custodios de sus nietos/as considera tanto la necesidad de rescatar sus discursos, sus experiencias, como de aprender de estos de manera que se aplique a los procesos de política social.

Lucca y Berríos (2003), en su texto *Investigación cualitativa para la Educación y las Ciencias Sociales*, elaboran aspectos centrales aplicables a los cuestionamientos que se utilizan en este estudio con los abuelos/as custodios/as:

> La información que se recopila en estos estudios procede de personas en situaciones y ambientes naturales, cuya interpretación recaerá en última instancia en los significados que tienen los elementos bajo estudio para los propios actores o participantes. El foco de atención de la investigación cualitativa es la cualidad de las acciones, relaciones, materiales, situaciones, procesos o ideas. Este tipo de investigación procura responder a inquietudes muy distintas de aquellas relacionadas con la causalidad. Los fenómenos son abordados con profundidad y examinados en detalle. (p 4)

Controles de la investigación cualitativa

Lucca y Berríos (2009), refiriéndose a los estudios de caso, explican que como parte de la influencia del paradigma cuantitativo en le investigación hay autores que consideran los conceptos de validez y confiabilidad. Explican que en el caso de la investigación cualitativa esto se vincula al proceso de triangulación; el cual pretende ofrecer *credibilidad* de los resultados.

Según Euclides Sánchez (2000), la triangulación consiste en una especie de técnica de complejización de los resultados que se obtienen, mediante la utilización de diferentes *unidades y fuentes* de información y el empleo de distintos métodos. El proceso es definido por Denzin & Janesick (en García, *et al.*, 1999) como la utilización de varias fuentes de datos en un estudio. En diseños como estudio de caso y otras, Lucca y Berríos (2003; 2009) recomiendan obtener información de diferentes fuentes, entre estas: noticias, documentos oficiales, observaciones o notas en contexto, escritos personales, trabajos literarios, materiales de diferentes orígenes y otros.

El estudio *Factores que influyen en el ascenso de la mujer*, de Puig Díaz (en Lucca y Berríos, 2003; 2009), consideró observaciones a participantes y la revisión de documentos. El estudio de Morales Alejandro (en Lucca y Berríos, 2003), *Un día con el Decano*, utilizó la observación no participativa y las hojas oficiales de deberes de estos. El estudio de Sánchez (2000), *Todos con la Esperanza*, consideró entrevistas variadas a la comunidad y la revisión de documentos históricos del proyecto. Para Lucca y Berríos (2003):

> La clave de una buena triangulación está en saber escoger una combinación de estrategias para recopilar información, que se complementen entre sí, pero que a la vez permitan sondear el mismo fenómeno desde ángulos diversos, permitiendo llegar al verdadero fondo del mismo. (p. 425)

El uso de estrategias como parte de la triangulación no debe tener como objetivo el corroborar información para considerarla válida o importante. El uso de estrategias diversas debe ser con el propósito de llegar a un registro de datos preciso, que pueda problematizar, contrastar y señalar aspectos de lo que se estudia. En esta dirección, un investigador cualitativo que pretende "corroborar" información prestaría importancia a identificar o agrupar solamente unidades que se repitan o correspondan entre sí y que, de alguna forma, cree un tipo de "categorías representativas" con las diversas técnicas de recogido de datos. Esto sería contradictorio al proceso cualitativo debido a que la idea principal no es establecer representatividad de la información sino construir y levantar significados. Esto implica que toda la información es importante, aún aquellos datos únicos que no se repiten o se puedan *corroborar, ratificar o reafirmar* en otras fuentes de información o métodos de recogida de datos. Esta información puede representar aspectos de realidades no señaladas antes, constructos de contextos particulares o respuestas que antes no se habían construido sobre determinada situación.

Es posible afirmar que lo que debe protagonizar la investigación cualitativa son las voces, expresiones, explicaciones, significados y la información que se registra con la interacción del investigador en el estudio y no la cantidad o técnicas de recogida de datos que se utilizan. Esto debido a que lo importante del proceso está en la diligencia, discusión y organización de la información y no en la cantidad de estrategias. El objetivo central estaría radicado en las expresiones y los debates que surjan y que expliquen lo que se busca. Desde esta perspectiva, la investigación cualitativa podría considerar las variadas expresiones o registros que surgen, aun dentro de la misma estrategia de recogido de datos, para llegar a la complejidad de lo que se estudia. La diversidad de técnicas de recogido de datos es un elemento que determinará el investigador.

Es importante tomar en cuenta que la investigación cualitativa propone el regresar a la revisión de literatura (incluyendo el contexto teórico, personal, cultural) para reconstruir la teoría y proponer nuevos aspectos de esta. Por tanto, también se consideran estos datos para el análisis, para nuevas propuestas y cuestionamientos específicamente en este tema, tanto para la política social, las familias de abuelos/as custodios de sus nietos/as, como para la intervención social.

Entrevista a profundidad y Guía de preguntas semi-estructurada

La entrevista ha sido utilizada como estrategia desde el tiempo de los egipcios cuando estos conducían censos en la población (Babbie en Denzin y Lincoln, 1994). Más reciente, se comenzó a documentar en uso de la estrategia de la entrevista en la recopilación de información para usos investigativos en el siglo XIX (Lucca y Berríos, 2009).

La entrevista ha encontrado gran popularidad en el uso de terapias e investigación forense (Gubrium y Holstein, 2002). La misma tuvo gran acogida durante la Primera Guerra Mundial, cuando se utilizó para pruebas psicológicas, con el énfasis en medición (Maccoby & Maccoby en Denzin, 1994). No obstante, según Denzin (1994) y Lucca y Berríos (2009), ha sido Charles Booth el precursor de esta estrategia, la cual utilizó entrevistas en el estudio *Life and Labour of the People in London* del 1902-1903.

Durante la Segunda Guerra Mundial fueron entrevistados más de medio millón de soldados para explorar sus condiciones mentales y emocionales (Young en Denzin y Lincoln, 1994). Es de ahí que esta estrategia entra en la academia y domina la sociología por las siguientes tres décadas (Denzin y Lincoln, 2000). A pesar de debates y transformaciones históricas, la entrevista cualitativa se continúa practicando.

La literatura en el área menciona que la entrevista no estructurada típica es la entrevista a profundidad. Esta ubica al entrevistado no como un *otro* distante, aséptico, cuantificable, estéril, medible o en categorías; sino como un ser humano que vive y que usualmente es olvidado y oprimido. La entrevista semi-estructurada a profundidad provee mayor amplitud que otros tipos de entrevistas, dada su naturaleza cualitativa (Denzin y Lincoln, 1994). Esta entrevista (a profundidad) es más exploratoria y colaborativa y es guiada por la teoría (Gubrium y Holstein, 2002) y utiliza preguntas abiertas que serán respondidas con las propias palabras del entrevistado y que la persona que entrevista sirve como una cuidadosa recolectora de datos, haciendo las entrevistas cara a cara como una conversación entre iguales (Burgos, 2011). La entrevista semi-estructurada persigue la finalidad de obtener la mayor cantidad de información posible (Rodríguez, 2006) pero enfocada en las preguntas de investigación específicas (Nagy & Levy, 2004). La entrevista a profundidad busca conocimiento e información *profunda*, usualmente más que en la encuesta, entrevista informal o grupos focales.

El trabajo del entrevistador es mantener la total atención del entrevistado y motivarle a contestar honestamente y a la misma vez no influir en las mismas. El entrevistador es pasivo en el rol de escuchar y si este ha tenido éxito el entrevistado/a es más activo como porta voz (Gubrium y Holstein, 2002). Taylor y Bogdan (en Lucca y Berríos, 2009) señalan que una entrevista a pro-fundidad es una conversación entre dos personas que están al mismo nivel.

El estilo abierto de la entrevista a profundidad permite obtener riqueza informativa acerca de la vivencia personal de cada caso y un análisis de significados en los que la actitud de los entrevistados encarna en toda su riqueza el modelo ideal de una determinada actitud (Pinazo y Ferrero, 2003). De la misma forma, estas proveen para enfocar en las relaciones de los individuos con sus contextos específicos (García et al., 1999; Nagy y Levy, 2004; Rodríguez, 2006). La experiencia de la entrevista se presta para aprender de los demás, con lo cual aprendemos de nosotros mismos (Denzin y Lincoln, 1994). Algunos autores han presentado ventajas a considerar en la selección de la entrevista a profundidad como estrategia de recolección de datos, como por ejemplo el que los/as potenciales participantes pueden sentirse más cómodos con la entrevista (Nagy y Levy, 2004).

La selección de los participantes varía dependiendo del objetivo del estudio y los criterios que determine cada investigador/a. La necesidad de tener una muestra amplia que generalice los resultados de un estudio no se contempla en la investigación cualitativa; menciona Lucca y Berrios (2009) que el interés radica en derivar postulados universales sobre los procesos generales. De la misma forma, Burgos (2011) apunta que el énfasis de la investigación cualitativa es en la experiencia humana y no en generalizar resultados de la investigación.

Dukes (en Cardona, 2005) recomienda hacer de 3 a 10 entrevistas a profundidad. Cresswell y Polkinghorne (en Cardona, 2005) recomiendan realizar 10 entrevistas. Millar & Crabtree en (Nagy y Levy, 2004) exploraron cómo se conceptualizaba el proceso de la entrevista (en el escenario clínico). Estos consideraron 6 entrevistas con familias y 6 parejas.

Diversos estudios han utilizado la metodología cualitativa y la estrategia de recolección de datos de entrevista a profundidad con la población de abuelos/as custodios de sus nietos/as (Robles et al., 2006). Pinazo y Ferrero (2003) consideró 11 entrevistas a profundidad con los abuelos/as a cargo de los nietos/as y Simson (2005), en el estudio *An Ecological Perpective of Family Resourses Among African American Grandmother Kinsip Caregivers,* realizó 7. En este estudio se evidenció claramente el proceso de saturación de la información, puesto que las versiones de vida y situaciones se comenzaron a repetir desde el comienzo de las mismas. Recordemos que el proceso de *saturación* se completa cuando no se obtiene nueva información (Denzin y Lincoln, Siedman, Rubin y Rubin en Burgos, 2011).

Algunos autores sugieren la importancia de descripciones detalladas que permitan el análisis profundo del tema a estudiar más que la atención en el número de entrevistas (Gubrium y Holstein, 2002; Nagy y Levy, 2004). Burgos (2011) plantea que es preferible pensar en las personas que tengan algo que decir, que contar, que narrar.

Guía de preguntas semi-estructurada

Para el 1965 se comenzó a hacer una distinción más clara entre la entrevista y el cuestionario. Se habló entonces de la entrevista estructurada y de la entrevista no estructurada (Lucca y Berríos, 2009). Estos autores mencionan que para la década del ochenta se comenzó a dar énfasis en la estrategia de la entrevista a profundidad. Más recientemente, Gubrium y Holdstein (en Lucca y Berríos, 2009) reseñan, como parte de las tendencias posmodernas de la entrevista, entrevistas a niños, adolescentes, hombres, mujeres, envejecientes y enfermos. Aunque existe una guía de preguntas, el orden de estas puede ser variado, sin perder de vista que deben responder a objetivos previamente establecidos (Lucca y Berrios, 2009).

La guía de preguntas semi-estructurada debe poseer de una (1) a seis (6) preguntas abiertas y algunas (pocas) cerradas (Nagy & Levy, 2004). Según los autores, la entrevista semi-estructurada a profundidad comienza con una conversación informal, en donde se explica el propósito de la investigación y comúnmente comienza con preguntas simples (en ocasiones conocidas como *rompe-hielo*) (Gubrium y Holstein, 2002). Estas pretenden contestaciones cortas y directas (Nagy y Levy, 2004). Las preguntas tienen la intención de comenzar con la entrevista, pero no entrar en los temas principales de esta. Las mismas son importantes, pero se debe tener en cuenta que no se coloque en juego el ambiente de apertura para las contestaciones. Se recomienda luego algunas preguntas transicionales en donde se puede explicar nuevamente los propósitos del estudio, la autorización para grabar, consentimiento informado y otros. Luego se recomiendan de 5 a 8 preguntas que contengan la esencia de las preguntas del proyecto de investigación (Gubrium & Holstein, 2002). Estas son basadas en las categorías encontradas en la revisión de literatura y contexto cultural (Nagy y Levy, 2004). Usualmente concluyen con el resumen del entrevistador de algunos aspectos principales que este entiende relevantes u ofrecerle alguna otra información a los/as entrevistados/as (Gubrium y Holstein, 2002). Es importante que el verdadero objetivo consiste en descubrir las experiencias, las visiones y los sentimientos del participante desde su perspectiva (Lucca y Berríos, 2009). Como señala Bourdieu en Schettini y Cortazzo (2015), debemos hacer tanto los investigadores como los participantes una *ruptura epistemológica,* lo que implica comprender el mundo del otro, sumergirse en el mundo desconocido con códigos propios, lenguaje, costumbres propias.

Para la construcción de la Guía de preguntas semiestructurada utilizada en este estudio, se tomó como referencia las recomendaciones de Gubrium y Holstein (2002) y Nagy y Levy (2004). Las mismas se diseñaron en lenguaje sencillo y de forma que aseguraran la correspondencia de los objetivos trazados. Esta también se citó en el libro *Investigación cualitativa, miradas desde el Trabajo Social* de la Dra. Nilsa Burgos (2011).

Guía de Preguntas a abuelos/as custodios de sus nietos/as (según fases incluidas en Gubrium et al., 2002).

Fase de la Entrevista	Pregunta o Comentario
Conversación informal, explica el propósito de la investigación con preguntas simples (en ocasiones conocidas como "rompe-hielo"). Esta tiene la intención de comenzar con la entrevista pero no entrar en los temas principales de esta. Las mismas son importantes pero se debe tener en cuenta que no se coloque en juego el ambiente de apertura para las contestaciones.	Saludo. Identificación como estudiante doctoral y Trabajador Social. Indicar propósito del estudio Explicar que conversaremos sobre cómo ha sido el proceso de vacunación de los menores como requisito para asistir a la escuela y de su familia y cómo esta puede responder a las necesidades y características de su familia.
Preguntas de Contenido: que contengan la	*A. Características de las familias a considerar en los procesos de Políticas sociales*

Fase de la Entrevista	Pregunta o Comentario
esencia del proyecto de investigación.	1. ¿Cuáles son las cosas que describen su familia y que la hacen diferente a las demás?
	2. ¿Qué cosas/características se necesitan tener para ser abuelo/a a cargo de los nietos?
	3. ¿Qué diferencia la relación con los nietos a cargo y como padre/madre de sus hijos/as?
	4. ¿Qué características tiene su familia que son necesarias tomar en cuenta al momento de hacer leyes de menores?
	5. ¿Siente que su familia necesita orientación o apoyo de las agencias sobre el proceso de la vacunación, posibles efectos secundarios u otros? ¿Por qué?
	B. Estresores psicológicos familiares
	6. ¿Cuál de estas palabras relaciona usted con el proceso de vacunación: preocupación o alivio? Explique. Como consecuencia del proceso de vacunación y entrada a la escuela, ¿qué estresores o cambios de ánimo

Fase de la Entrevista	Pregunta o Comentario
	ha experimentado?
	C. Participación / oportunidades para comunicar sus limitaciones
	7. ¿Cuán necesario entiende es para su familia que alguna agencia pública o privada le brinde la oportunidad de conversar sobre sus preocupaciones o limitaciones relacionadas a la vacunación de los menores? ¿Cree que los abuelos/as custodios de sus nietos/as pueden aportar en mejorar estas leyes? ¿Por qué?
	D. Aspectos a mejorar de la legislación
	8. ¿Cómo considera que esta ley le ayuda en su responsabilidad como abuelo a cargo de sus nietos/as?
	9. ¿Cómo cree que la Ley de Inmunización Escolar puede mejorar de manera que responda a las necesidades de la familia?
	E. Integración del trabajo social con las familias
	10. ¿Ha tenido la experiencia o entiende que un trabajador/a social

Fase de la Entrevista	Pregunta o Comentario
	puede ayudarle en estos procesos en el área de salud y vacunación?
Resumen del entrevistador de aspectos principales q este entiende relevantes. Ofrecerle alguna otra información.	Resumen. Se explorará si tuvo o sintió alguna inconformidad o si necesita asistencia adicional. Agradecimiento.

Teoría crítica

La teoría crítica permite el estudio de las estructuras sociales y enfoca en los aspectos estructurales de los problemas sociales, considerando la preocupación por la inequidad y la opresión (Fook, 2002). Es la parte del análisis de poder entre grupos y personas en una sociedad desde su complejidad, de las varias formas en que opera el poder para dominar y opacar la conciencia y de la relación entre cultura, poder y dominación (Burgos, 2011). El término *Teoría Social Crítica* se originó con el trabajo de la escuela de Frankfurt en los años 20, inicialmente utilizada para designar un enfoque específico para interpretar la teoría marxista (Guardiola, 2006). Según Pleasants (en Guardiola, 2006) se han generado nuevos significados y no puede ser identificada solamente con la tradición marxista, de la cual se ha ido diferenciando.

Durante la década del 1960, los teóricos críticos se

han enfocado en entender las formas económicas de la injusticia. Desde esa época, la preocupación ha ido cambiando al estudio de las injusticias y sus raíces en los arreglos sociales, incluyendo la estratificación de género, raza, estratificación étnica, orientación sexual y limitaciones físicas (Longress, 2000). Durante las décadas del 1970 y 1980, el Trabajo Social radical argumentaba que la profesión enfatizaba en conceptos tradicionales de familia, lo que llevaba a la opresión de la mujer. Esto permitió continuar el desarrollo de la teoría feminista en la década de los '70. Más recientemente, en la década de los '90, se reformularon aquellos postulados colectivistas socialistas marxistas utilizando la teoría crítica, la práctica del apoderamiento y el rol de defensores en el Trabajo Social (Payne, 2005).

Esta teoría ofrece una crítica a las condiciones sociales contemporáneas, no desde la perspectiva del pensamiento utópico, sino con la visión del potencial actual por la transformación social (Marcuse en Kivisto, 2003). El llamado de la transformación estructural como compromiso para el Trabajo Social (Gil en Seda, 2003) presenta una propuesta desde la teoría crítica hacia una práctica de un Trabajo Social transformador de las estructuras sociales. Además de esto, el cambio hacia un Trabajo Social radical llevó a otros acercamientos al desarrollo de perspectivas en el Trabajo Social como la de apoderamiento, defensores y concienciación social, siendo estos más aceptables (Payne, 2005).

Desde esta perspectiva, surge entonces la necesidad de evaluar continuamente la sociedad a partir de la visión de la inequidad e intentar proveer las condiciones necesarias para un cambio social progresivo (Longress, 2000). A pesar de esto, una de las críticas al Trabajo Social ha sido que es propulsor de prácticas de adaptación y control social (Seda, 2003), lo que se evidencia cuando se enfatiza en los procesos de intervención, por ejemplo, conceptos tradicionales de familia (Payne, 2005). Es importante realizar un Trabajo Social que reconozca diferentes composiciones familiares (Longress, 2000). De la misma manera, así como propuesto por la teoría crítica, es necesario cuestionar las formas en que se asume el presente orden social y aquellos aspectos del Trabajo Social que llevan hacia el control social (Payne, 2005).

La teoría crítica trasciende la dimensión de reforma (Gil en Seda, 2003) en donde solo se describen las formas de opresión. Esta problematiza y busca soluciones para resolver aquellos problemas de las poblaciones en desventaja social. En este sentido, los teóricos críticos, proponen actividades y acciones más allá de un mero cuerpo de conocimientos (Longress, 2000) y el énfasis en las prácticas culturales que crean estructuras de opresión (Burgos, 2011).

La teoría crítica es una teoría reflexiva que se localiza a sí misma dentro de la vida social, buscando comprender el mundo en términos históricos, en vez de en términos naturalistas (Guardiola, 2006; Horkheimer, 2002). La vida social es cualitativamente diferente al objeto de estudio de las ciencias naturales y, consecuentemente, se requiere un enfoque humanista basado en el estudio de los significados (Guardiola, 2006). Esos significados, así como la teoría crítica propone, tienen forma de cambiarse. La interpretación de la realidad (ontología), desde la teoría crítica, es moldeada por el contexto socio-histórico-político-económico-cultural y establece que los valores evolucionan con el tiempo (Lucca y Berríos, 2003).

Esta teoría propone aspectos relevantes para el estudio e intervención social como la necesidad de la discusión, reflexión, análisis e introspección. Los mismos se tornan importantes en el desarrollo de la capacidad de tomar acción sobre los problemas en las vidas de las personas. La metodología de investigación desde la teoría crítica sugiere ser una cualitativa, dialógica y dialéctica (Lucca y Berríos, 2003). Álvarez (en Burgos, 2011) resume los temas centrales de la teoría crítica:

1. El estudio científico de las instituciones sociales
2. Las transformaciones de tales instituciones, según la interpretación de su vida social
3. Los problemas históricos-sociales de la dominación
4. La enajenación
5. Las luchas sociales

Uno de los aspectos inherentes al análisis cualitativo son los discursos. Los discursos son formas impersonales que existen en cada individuo (Foucalt, 1977). Es importante la revisión de los mismos, en el actual sistema de bienestar social para niños (Chambon, Irving, y Epstein, 1999), entendiendo el mismo desde sus propias subjetividades y las relaciones de poder inherentes en el conocimiento (Payne, 2005). De esta forma, se realiza un proceso de deconstrucción de los discursos, especialmente aquellas voces excluidas y marginadas (Fook, 2002). Es posible afirmar que este tipo de análisis es una técnica de interpretación y comprensión de textos —escritos, orales, filmados, fotográficos, transcripciones de entrevistas y observaciones, discursos, documentos— es decir, todo tipo de registro teniendo en cuenta el contexto en el que se produce tanto lo manifiesto como lo latente de los discursos (Schettini y Cortazzo, 2015).

Foucalt (1977) planteaba que en los procesos sociales se ha colocado históricamente a la persona (no al sujeto) en el centro de sus actividades, retando así el ver el sujeto con su propia concepción de objeto. Sin embargo, corrientes teóricas han añadido la necesidad de trascender solo la figura monolítica y considerar los clientes y los trabajadores/as dentro de los arreglos culturales e institucionales y en los sistemas de poder (Chambon et al., 1999). Esto provoca la necesidad de discutir hacia dónde se debe dirigir el Trabajo Social en el proceso de intervención social, trascendiendo no solamente la subjetividad, sino cómo se reconoce el Trabajo Social a sí mismo dentro de las tradiciones-instituciones y las estructuras de poder. Las ideas de esta discusión se tornan claves para proponer consideraciones en la intervención social con las familias diversas.

Gerontología Crítica

Entre las perspectivas críticas que se proponen para entender las necesidades de la población de abuelas y abuelos se encuentra la gerontología crítica. La gerontología crítica es un cuerpo amplio teórico que incluye diversas perspectivas teóricas. Esta considera que los factores sociales que afectan mayormente las personas de edad mayor son derivados de un análisis estructural de las relaciones socioeconómicas. Este análisis está mayormente fundamentado en los conceptos de clases, raza, género y sus interrelaciones. El significado de los hechos sociales desde la perspectiva de la gerontología crítica es generado a través de un proceso interpretativo guiado por un marco ético, con el compromiso de asegurar que las personas no son excluidas de los recursos necesarios que aseguran su dignidad y libertad (Polivka, 1999).

III. VOCES DE LAS FAMILIAS: EL RETRATO DE UNA REALIDAD

Este estudio se llevó a cabo utilizando metodología cualitativa, con un diseño descriptivo-analítico. El análisis de contenido de las entrevistas a profundidad se realizó utilizando las fases: codificación, descripción, análisis e interpretación (Wolcott en Lucca y Berríos, 2003) con categorías predeterminadas (Cruz, 2001). Las entrevistas fueron transcritas *verbatim,* como recomendado por la literatura (Gubrium y Holstein, 2002; Robles, Vázquez, Reyes, y Orozco, 2006), permitiendo categorías emergentes. Se elaboró una síntesis después de cada categoría y sus respectivas sub-categorías (Burgos, 2011) desde donde se construyeron mapas conceptuales (mostrados más adelante) y la discusión y descripción de las voces.

Voces de las familias

Aunque este estudio no consideraba explorar el acercamiento de género o roles, las categorías de madres y abuelas emergieron por sí solas. La literatura menciona que entre las consideraciones que tienen los abuelos/as custodios de sus nietos/as se encuentran las confusiones de rol (padre/abuelos) (Estrella, 2005).

Siento que soy madre y soy abuela, pero para ellos yo soy mamá, madre, amiga, a veces me dicen mi chilla... A veces dicen: tú eres mi mamá, tú eres mi abuela, tú eres mi amiga, tú eres mi confidente, tú eres mi chilla; todo soy para ellos... (8:134)

Las abuelas establecen que las relaciones con los nietos/as su cargo tienen mayor carga o son más emotivas que la relación que tienen o tuvieron con sus hijos/as.

Yo siento que soy madre, pero sin embargo a mis hijos yo nunca les digo que los quiero, pero a las nenas sí... yo no sé lo que está sucediendo, tú sabes... porque ellos... yo los llamo por teléfono y esas cosas, pero yo como que soy más fría que un témpano de hielo... entonces con el otro, yo tengo dos, soy fría también, pero con ellas no, me cuesta tanto decirle que los quiero; me cuesta, como que no me sale... la chiquita me dice todos los días yo te amo mami... te amo mami, yo amo a mi mamá, tanto es, que en el salón la misi me dice que ella tiene un coco demasiado fuerte y ella dice que soy su mamá, me quiere tanto, tú sabes y su papá también... ella hizo una autobiografía ayer y se la leyó y ella (la mama de la niña) le preguntó que por qué no estaba y la niña le dijo: ¿y qué tú quieres que yo ponga ahí, que te ponga a ti, yo no te puedo poner a ti, quién me quiere es mami, ¿tú crees que puedo poner el nombre tuyo allí? (6:126, 218)

La relación con los nietos/as a su cargo es una de entrega, donde prevalece el afecto que estas tienen con los menores.

Yo, no porque sea abuela, porque yo me siento abuela y soy loca, porque dicen que los nietos se quieren más que los hijos, porque eso es de ahí y es verdad, porque yo por esos nenes doy hasta la vida. (10:149)

El intento por determinar el rol que predomina, de abuela o madre, resulta imposible. Las abuelas se definen como abuelas, pero de igual forma como madres. Estas definen su relación con los menores como abuelas, en los momentos en que les dan un privilegio, cuidan, dirigen y dan atención especial a los nietos/as. De la misma forma, versionan sobre un rol de madres cuando realizan las tareas domésticas del cuidado de estos. Este rol es uno justamente intermedio, entre madre y abuela. Aunque admiten que el rol de abuelas custodias les agota físicamente, reconocen el mismo como único y especial, el cual disfrutan a plenitud. Los discursos de las abuelas sugieren que el estar a cargo de sus nietos/as les brinda una oportunidad para dedicar y hacer lo que no pudieron con sus hijos/as, por razones de trabajo, complicaciones de vida, limitaciones del sistema y situaciones de vida. El tener los nietos/as a su cargo les brinda una oportunidad de enmendar aquello que consideran errores que cometieron con los hijos/as.

Las preocupaciones de las familias de abuelos/as custodios de sus nietos/as son parte de sus dinámicas de vida, así como en toda composición familiar. La literatura establece que los retos que enfrentan los abuelos/as custodios de sus nietos/as son diferentes a los retos y responsabilidades de los padres (Norward y Williams, 2005; Sánchez, 2005). Entre las preocupaciones particulares que se desprenden de las entrevistas a las familias de abuelos/as custodios de sus nietos/as se encuentran: disciplina y crianza, relacionadas con la escuela (programas de Educación Especial, tareas de los menores, reglamentaciones escolares y otras), limitaciones económicas, limitaciones físicas, faltar o enfermarse, crecimiento y sexualidad de los menores, vivienda y soledad.

La disciplina es un aspecto importante en las familias de abuelos/as custodios de sus nietos/as. La literatura establece que los abuelos/as a cargo de sus nietos/as han tenido que utilizar premios o recompensas, prohibir salidas, pegarles y regaños, además de estrategias de comunicación y establecen nuevas reglas y normas en el hogar (Alvarado y Rivera, 2014; Moreno y otras en Estrella, 2005). Para las abuelas entrevistadas, las estrategias de crianza están complementadas con las experiencias de vida que poseen. Estas armonizan la estructura de la crianza adjudicada a las madres, con virtudes de paciencia y perseverancia.

> Yo te digo, yo los consiento y los adoro, pero también uno tiene que ponerles carácter como si fueran los hijos de uno. (5:162)

Para las abuelas, que los niños/as logren la conducta y disciplina esperada, es importante pues esto demuestra el éxito que tienen en su tarea como cuidadoras. Por otro lado, se disminuye la posibilidad de tener comentarios al respecto, por parte de la escuela. Los abuelos/as custodios de sus nietos/as adjudican gran importancia a los procesos escolares. Estos ven en la escuela la esperanza para el desarrollo de sus nietos/as. Los abuelos/as custodios de sus nietos/as tienden a estar cerca o accesibles a la escuela. Existe evidencia que señala que en lo que a la crianza propiamente se refiere, a los abuelos y abuelas no les surgen necesidades significativas, a excepción de los casos en los que el estado de salud y/o determinadas características son obstáculos que dificultan el cuidado de los nietos (García, 2013)

> Mi hija me critica porque estoy todo el día en la escuela, yo no salgo de la escuela y estoy hasta las 8:30 aquí, me voy para mi casa y a las 11:30 estoy otra vez aquí hasta las 12:30. (7:482)

Esto se contrasta con datos de la literatura que mencionan que los abuelos/as tienden a no asistir a las reuniones escolares (o a la escuela) por miedo a actuar de manera inadecuada (Hayslip, 2000). Las abuelas entrevistadas entienden importante su asistencia a las escuelas. Para estas, su presencia en el plantel aminora las posibilidades de que las vean como irresponsables y consideran estas estrategias para prevenir situaciones con los menores. Esto presenta una característica propia de nuestro contexto. Es importante realizar en el escenario escolar diversas actividades relacionadas a esto (Alvarado y Rivera, 2014).

Los hallazgos en el estudio de Kittagawa y Hauser (Programa de Educación para la Salud propuesto por la Fundación Mexicana para la Salud, 2000) señalan que la educación es el determinante socioeconómico más importante y guarda una relación muy estrecha con la mortalidad. Estos relacionan el indicador de la educación con el riesgo de morir. La explicación ofrecida es que la educación se adquiere tempranamente y una vez adquirida se mantiene casi invariable a lo largo de la vida. En cambio, el ingreso económico puede sufrir grandes variaciones. Por lo que el nivel de educación parecía estar más directamente relacionado con la disminución del riesgo de morir. Esto implica la necesidad de que los sistemas de salud y educación tengan como objetivo retener a los estudiantes y facilitar los servicios.

Las abuelas entrevistadas expresaron tener nietos/as (a cargo) que son parte del Programa de Educación Especial del Departamento de Educación. Esto coincide con la literatura cuando Dubowitz y Sawyer en (Thomas et al., 2000) sugieren que los abuelos/as tienden a acceder al cuidado de menores que tienen problemas de conducta más que otros familiares más jóvenes. En estudios diferentes, realizados por Hayslip y Mayer (en Thomas et al., 2000), encontraron que cerca de la mitad de su muestra de abuelos/as custodios de sus nietos/as reportaron que están cuidando menores con problemas de conducta, emocionales, problemas relacionados con la escuela y problemas neurológicos. De la misma manera, otros estudios demuestran que muchos de estos menores manifiestan niveles de desarrollo más bajos, dificultades en el proceso de aprendizaje y destrezas de socialización y la inhabilidad de enfocar en tareas específicas (Van del Kolk en Hayslip, 2000).

La nena tiene un problema de aprendizaje y se me hace más difícil con ella porque con el nene ya yo le tengo un hábito de estudio, de todas las cosas que con la nena se me hace difícil porque por más que yo la pongo... (1:48)

Algunas de las familias atribuyen los diagnósticos de los menores (que son parte del Programa de Educación Especial) como resultado del uso de sustancias de las madres al momento del embarazo. No obstante, la conducta, la administración de medicamentos y los seguimientos de los tratamientos, dificultan el manejo de los menores por parte de las abuelas.

Ahora mismo yo los tengo por psiquiatra.... Tengo el mayor que está medicando, que se medica desde los cinco años y que me le dieron unas pastillas para relajarlo de noche y dormir... y entonces, para el mes que viene, cuando se haga los análisis, entonces lo van a medicar... (10:61)

Entre las dificultades relacionadas con la escuela, se encuentran realizar las tareas de los niños/as. Un estudio exploratorio realizado por Goldberg-Glen (en Hayslip, 2000) demostró que los abuelos/as se sienten frustrados porque sienten que no pueden ayudar a sus nietos/as con las tareas escolares. Sin embargo, no solo la escasa educación formal que estas tienen les impide ayudar a los menores, sino las limitaciones económicas, de transportación y falta de materiales. Los abuelos y abuelas mayoritariamente se preocupan por los valores que se inculcan a sus nietos y por la educación y/o formación académica que estos reciben (García, 2013).

> A veces yo trato de ayudarlo, ahora mismo tiene una asignación de un proyecto de unas láminas que tiene que buscar antes del día 14 y yo decía ¡ay virgen!, yo tengo que buscar esas láminas, pero yo, de las cosas que le dan a él, yo fui, como yo no entiendo, más o menos, pues entiendo que es lo que quieren, entonces yo voy a la única tienda, un school suplí... para que ese niño lleve esa información a la escuela porque si no la lleva, porque él me dice: ma' si no llevo esa información yo voy a coger F. (3:391)

> Y a veces tú tienes que ver que, aunque estén en escuela pública, pero si te mandan a comprar tal o cual cuaderno lo tienes que comprar, porque el Departamento no lo ha provisto, entiendes, y eso es otro gasto adicional eso me ha llegado a pasar en dos o tres ocasiones... (2:253)

Las abuelas identifican recursos y redes informales que les apoyen con las tareas de los niños/as. Estas señalan no solamente que las asignaciones de los menores exceden su nivel de dificultad, sino que muchas veces requieren la identificación y compra de materiales que no pueden satisfacer por la falta de recursos económicos. En ocasiones una tarea puede implicar la búsqueda de una lámina, lo cual, para algunos, puede ser tan sencillo como identificar la misma en la red de Internet. Sin embargo, estas no tienen acceso al recurso, el dominio para la búsqueda, ni la transportación para llegar a la biblioteca pública. Algunas de ellas expresan sobre los ofrecimientos de los servicios de las bibliotecas públicas. Estas expresan que las normas de la biblioteca, en estos casos, es dejar el trabajo y buscarlo otro día asignado. Esto les resulta imposible, pues tienen problemas de transportación. Esto contrasta con estudios que establecen que la diferencia generacional afecta el proceso de ayudar a sus nietos en las tareas escolares (Rivera et al., 2002), por lo cual necesitan apoyo y recursos externos que en ocasiones no tienen disponibles (Hayslip, 2000). Es necesaria la creación de redes escolares que provean servicios y acuerdos entre las bibliotecas públicas y los centros de servicios.

> Los proyectos de ayudas hay que buscarlos porque no son muchos, debe haber más ayuda para asignaciones que se puedan buscar en diccionarios y enciclopedias, más ayuda de las agencias. (7:385)

El Departamento de Educación tiene que revisar su política para evitar cargar a las familias con requerimientos de compras de materiales y libros. Los currículos escolares tienen que explorar las formas en que las tareas impliquen el menor gasto posible, si alguno. Esto concuerda con estudios que establecen que las familias de abuelos/as con custodia de los nietos son familias para las cuales, en ocasiones, el personal de la escuela no tiene las destrezas o sensibilidad para trabajar con ellas (Hayslip, 2000).

Entre los diferentes retos que enfrentan las familias entrevistadas, se encuentran las preocupaciones de las limitaciones económicas y de vivienda. Según estudios, cerca del 25% de las familias de abuelos/as custodios de sus nietos/as viven bajo los niveles de pobreza (Barea y Dávila en Alvarado y Rivera, 2014; Joslin, 2002) y entre sus preocupaciones se encuentran la situación financiera (Estrella, 2005). Muchos abuelos/as custodios viven con pocos y ajustados ingresos, que les son insuficientes para las necesidades de los menores. Existe un por ciento mayor de pobreza de estas familias (19%) en comparación con otros tipos de familias con niños/as (con un 14%) (Censo en Hayslip y Kaminski, 2005).

> Necesitamos más ayudas porque a veces para llevarlo a ciertos sitios, que uno tiene que llevarlo, pues no la hay, él como uno tiene a veces son sitios caros para poder los llevar... entonces se queda el niño sin ir a ese sitio... (3:474)

Según las voces de las abuelas, la necesidad de ayuda se debe en ocasiones a que algunos programas (como el Departamento de la Familia) los consideran dentro del renglón de recursos familiares, lo que hace que no cualifiquen para recursos económicos, como en el caso de los hogares sustitutos. Algunas familias les solicitan ayuda económica a los padres o madres de los menores o trabajan.

Las abuelas entrevistadas mostraron diversas preocupaciones. Entre estas, se encuentra lo relacionado a la vivienda y el que los proyectos de vivienda rehúsan incluir los nietos/as en los contratos; el ambiente circundante y dónde vivirán los menores si ellas faltan. En un estudio realizado por *Head Start* encontraron que, aunque muchos abuelos son dueños de sus viviendas, se debe considerar la condición estructural de la casa, el número de personas que la habita y la capacidad de pagar todos los costos asociados con esta propiedad (p.ej., servicios públicos, reparaciones, impuestos locales). La condición estructural de los hogares de algunas familias de bajos ingresos puede no ser adecuado para la residencia de varios niños (Whitley y Kelley, 2015).

> …con la pequeña tuve problemas, porque no me la querían coger en el contrato de arrendamiento, yo pregunté por qué y me dijeron que porque yo era la abuela y ella tiene que tener madre. (6:575)

El reconocimiento de las complicaciones de salud propias de las personas de edad mayor resulta en la preocupación de los menores. El ausentarse, enfermarse o morir es otra de las preocupaciones que tienen las abuelas entrevistadas.

> A mí lo único que me ha preocupado es que en caso de que uno se enferme, que uno esté enfermo y que algún día fallara o el esposo mío o faltara, ¿qué va a pasar con el nene? Yo me pregunto… espero que el día que yo fallezca o me pase algo que sea cuando él tenga la edad, la edad que tienen los hijos míos, de 20 años, de 25… (3:233)

El estudio de Colomer y Mc Callion en (Fuller Thomson et al., 2005) indica que a las familias les preocupa que el deterioro de su salud fuera a afectar el cuidado de los menores. Esto amerita ser considerado en el desarrollo de políticas sociales para personas de edad mayor en familias de abuelos/as custodios de sus nietos/as.

Una de las preocupaciones encontradas, que no se recoge en los estudios consultados, es el crecimiento y sexualidad de los menores. Estas posen preocupaciones significativas cuando los menores se acercan a la adolescencia y aún en los más pequeños (cuando llegue ese momento).

> Yo soy más reservada, te voy a ser sincera, en esa área soy bien, bien reservada, yo le hablo de los cambios del sexo de ella, pero en sí, de sexo no me gusta, pero las otras dos hijas mías son las que le hablan, son más sueltas con ellas, porque ellas me dicen: mami hay que darle confianza a ella para que ella se sienta... tú no, porque tú estás anticuada (risa) pero ella en eso son... porque yo me cohíbo, ¡qué sé yo!, no me gusta, te soy sincera... (5:233)

La diferencia generacional hace que a las abuelas se les haga más difícil comunicarse con los menores en esa área. Las abuelas se expresan con reservas en términos de la educación sexual que se ofrece en las escuelas.

> Cuando a veces en la escuela le dan algo así, como ellos están muy chiquitos yo diría que ellos no en-

tienden nada de eso. Yo diría que se le debe dar cuando tengan la edad de 11 años en adelante, que ya desde esa edad... pero ahora en la edad que tiene él... (3: 269)

Es necesario la asistencia a las familias de abuelos/as custodios de sus nietos/as en esta área. Uno de los aspectos importantes es la necesidad de que los abuelos/as custodios de sus nietos/as sean orientados en las escuelas sobre la información que se les brinda a los menores, de manera que sientan mayor confianza, en los momentos en que se haga necesaria esta discusión con los menores. Esto tiene implicaciones en la intervención social del Trabajo Social con grupos.

Las experiencias con otros menores son un aspecto que influye en el temor de las abuelas a que la situación con sus nietos/as cambie. En conversación con una trabajadora social de una escuela superior, esta refiere que las escuelas elementales tienden a tener mayor cantidad de abuelos/as custodios de los nietos/as, porque la mayor parte de las veces, en la medida que los niños/as van creciendo, deciden regresar con sus padres o acogerse a los programas de vida independiente del Departamento la Familia. Es necesario realizar estudios que reflexionen sobre las formas en que este factor aporta al miedo e inseguridad que tienen las abuelas de que sus nietos y nietas vayan creciendo.

Otro de los aspectos sobre los cuales versionan las abuelas entrevistadas es el cuido de los nietos/as y la soledad. Las abuelas valoran la presencia de los menores, puesto que las alejan de la soledad, característica de las personas de edad mayor.

> Se sentiría uno solo, se sentiría como que la familia no está completa, no está completa…. Porque hacen falta porque cuando está en la casa y están brincando y saltando que tú te pasas gritando, mira si a veces cuando no están yo digo: diache, si fulano estuviera ahora aquí conmigo (risa)… porque hacen falta… (8:248)

Estudios relacionados con el tema han destacado que para muchos abuelos/as con la custodia de los nietos/as su experiencia les sirve de motivación para seguir viviendo, aumento de autoestima, se establece una relación enriquecedora, creatividad, sentido de logro y sentido de satisfacción (Moreno en Estrella, 2005; Hayslip y Kaminski, 2005; Sánchez, 2005). Existen estudios que señalan la importancia que le atribuyen los abuelos/as a su rol asumiendo este como uno positivo y de gran satisfacción en la vida (Thomas et al., 2000). Estas características demuestran que los abuelos/as custodios de sus nietos/as, poseen preocupaciones y limitaciones similares a otras familias. Esto implica que las familias de abuelos/as custodios de sus nietos/as tienen la capacidad y los recursos internos para crear vínculos emocionales satisfactorios, que provean a los menores de los aspectos que estos necesitan en una familia. Las fortalezas que tienen las familias de abuelos/as custodios de sus nietos/as, en aspectos como la crianza, el cuido, la atención escolar y otras, probablemente exceden los cuidados y destrezas de otros grupos familiares, como los tradicionales.

Características de las Familias de abuelos/as custodios de sus nietos/as: Aspectos a considerar en las políticas sociales e intervención social

Algunas de las características de las familias de abuelos/as custodios de sus nietos/as son consistentes con las del resto de las composiciones familiares. Sus dinámicas y preocupaciones particulares deben ser consideradas en los procesos de política social e intervención social. Las familias de abuelos/as custodios de sus nietos/as otorgan principal atención a la calidad de la relación de la familia, más allá de posibles diferencias en su composición.

Sentir mayor responsabilidad por los menores: contribución de la macro estructura

Uno de los aspectos que surge como categoría en este estudio es el que las abuelas custodias de sus nietos/as versionan sentirse más responsables por el cuidado de sus nietos que la responsabilidad que tenían cuando eran madres. Estas expresan sentir el trato diferente por la sociedad.

> Como quiera que sea, el abuelo es el segundo padre de los muchachos.... Si ellos no están, ya tú sabes, son el segundo padre... es que como que tienen discriminación con uno, contra los abuelos, como que nosotros no podemos criar los nietos, como que no podemos criarlos, si criamos a nues-

tros hijos podemos criar a nuestros nietos mejor todavía y nos discriminan, pero a mí, yo siempre tengo mi frente en alto. (8:271)

Porque te lo dicen así tú lo que tienes es una ley de custodia temporera, es que el niño no es, a veces te dicen así mismo, ese niño no es legalmente tuyo, económica nada más, ok... es que el problema es que los abuelos somos como... invisibles. (2:148, 445)

Las abuelas entrevistadas sienten ser juzgadas como resultado de discursos culturales que les adjudican debilidad. Socialmente se reconoce que el rol de las abuelas es uno consentidor y débil y que no tienen control de la disciplina de los menores y no tienen el carácter para dirigir la crianza. La figura del abuelo varón no es considerada de la misma forma, o quizá es vista como una no tan consentidora y permisible como la abuela. Por tanto, esta ideología social corresponde a la visión de debilidad atribuida a la mujer, que hace que las abuelas sean vistas como consentidoras y permisibles. Las abuelas resienten la forma agresiva, descortés y desconsiderada con la que son tratadas en las agencias.

He tenido muchos momentos especialmente en situaciones de médicos, verificaciones médicas donde yo he tenido que llenar... y lo primero que me dicen es: y dónde está papá y mamá. Y yo he tenido que empezar, explicar: mire que yo tengo la custodia del niño, y como que te miran así como

¿Hello? Y muchas veces he tenido que hacer presión y decir no yo soy la responsable de él, yo tengo la custodia de él y usted tiene que decirme a mí qué es lo que pasa con él o qué es lo que tiene. (2: 140)

Uno de los aspectos que incide en esto es el predominio de la figura tradicional de madre. Como identificado en la revisión documental, la figura de la madre es promovida a través de una figura de mujer joven. Las figuras de abuelas no son relacionadas con esta figura y se les recrimina socialmente por asumir un rol que no se espera que estén asumiendo. Esta situación también se relaciona con el hecho de que estas repetidamente clarifican a los menores que son sus abuelas y no sus madres.

...yo sé que no soy la madre... soy la abuela.... pero me siento mal, tú sabes, porque él, porque me siento que estoy ocupando un lugar que no, que no es mío, que es el lugar de ellos, pero yo no tengo la culpa de que ellos no están ahí. (6:229, 430)

Las abuelas destacan tener la responsabilidad y obligación de facilitar y proveer que los menores se relacionen con sus padres biológicos. Las abuelas entrevistadas enfatizan los esfuerzos dirigidos a esto y clarifican conocer su lugar como abuelas. Esta característica implica el deseo de estas de que los niños/as mantengan relación con sus padres biológicos, pero de la misma forma, que no se les juzgue por ocupar un espacio que no les corresponde.

Nosotros los abuelos tenemos la responsabilidad de explicarles a ellos quiénes son sus padres, en caso de cuando lleguen a mayores ya ellos sepan quién es la mamá. (3:103)

...porque nosotros no somos importantes, los importantes son los papás... (6:573)

Según los discursos de las familias de abuelos/as custodios de sus nietos/as, son juzgados además por el lugar donde viven.

Mi único sueño sería que mi esposo me comprara una casita, ¡ave maría!, eso sería un sueño... lo más grande del mundo... yo vivo en un residencial... no hace mucho mataron a dos personas y yo vivo encerrada... no las dejo bajar ni a jugar... lo más que deseo en el mundo es salir de ahí, comprar una casita en otro sitio, sacarlas de ahí... (6:263)

Esto es cónsono con las prácticas discriminatorias sociales que, en general, adjudican estigma a las personas de barriadas y residenciales públicos. La pobreza y las dinámicas de violencia de los residenciales públicos, a causa de la propia segregación y exclusión social y otros factores estructurales, se convierten en aspectos esenciales en el desarrollo de políticas sociales que faciliten los procesos de las familias de abuelos/as custodios de sus nietos/as.

Según las entrevistas, a estas familias se les atenta, en muchas ocasiones, contra el derecho a su propia privacidad. Los servicios hacen que estas constantemente tengan que explicar las razones por las cuales cuidan a los menores, donde están sus padres, qué hicieron y otras. Los servicios están partiendo de la premisa de que estas familias, por haber sido "intervenidas", tienen que contar y exponer sus historias de vida, así como las dinámicas y situaciones internas de la familia. Esto abona al discrimen de las personas de edad mayor que dirigen estas familias. A continuación, una cita que demuestra este aspecto:

> Pero, ¡yo no tengo que estar diciéndole a todo el mundo...! Porque eso es una cosa personal. Pero no tengo que estar diciendo esas cosas... delante de todo el mundo porque esas cosas son privadas, por eso es que estamos como estamos, por eso es que hay muchachos que se ponen rebeldes con la gente, porque enseguida te quieren tirar al medio, porque fulano... ¡ah! que esto y lo otro, si usted tiene que hablar algo con esa persona, pues mire, siéntese con esa persona ahí calladito... (8:425)

¿Es posible argumentar que las familias de abuelos/as custodios de sus nietos/as son una población marginada? Marginación implica la existencia de relaciones de poder y opresión. El experimentar esta forma de opresión hace presente lo que Young (1990) llama *imperialismo cultural*. Este es visto cuando la experiencia y cultura de la familia tradicional se establece como norma, lo que lleva a los diversos grupos familiares a ser invisibles, a la misma vez que se estereotipa los mismos marcándolos como el "otro". Este "nosotros" se presenta como un acto de "auto protección", que ante la necesidad de pertenecer a una comunidad puede utilizarse como defensa contra la confusión y el caos (Bauman, 2002). Ante la presencia y confrontación de las familias diversas, estos refuerzan su posición bajo el cumplimiento de las normas dominantes, haciendo las otras "desviadas e inferiores". A través del Estado, iglesias, escuela y otras instituciones, este grupo protege su "tradicionalidad" como "representativa de la humanidad" (Young, 1990).

El concepto de opresión describe cualquier situación injusta mediante la cual sistemáticamente se les aparta a unos grupos del acceso a los servicios. El significado de interseccionalidad determina que estas son formas particulares en que se intersecan las opresiones. Así mismo, señala cómo estas entran en función por medio de matrices de dominación. Esta matriz de dominación se conforma en términos de cómo el poder es organizado en un momento histórico para originar, desarrollar y contener opresiones intersecadas (Hill en Barreto, 2004). Es importante reconocer edad, pobreza y género como intersecciones que se conjugan para armar el círculo de opresión en las familias de abuelos/as custodios de sus nietos/as.

El concepto de familia tradicional, institucionalizado a través de la historia, se caracteriza como un grupo dentro del nivel estructural y de poder. Esta matriz de dominación mantiene opresiones intersecadas (de pobreza, género y edad) en función de la exclusión y marginación de otros grupos familiares. Esto incluye el invisibilizar a las familias que no cumplen con esta definición, la falta de acceso a los recursos, falta de participación y otros. El compromiso del Trabajo Social entonces tiene un énfasis primario en el apoyo, entendimiento y defensa de estas familias, que son precisamente las discriminadas y marginadas.

El reconocimiento de la diversidad cultural se convierte en instrumento para la eliminación de la opresión e imperialismo cultural. Las transformaciones sociales hacia la justicia y las formas no opresivas no ocurren de un día para otro, de forma espontánea, a través de eventos revolucionarios o procesos históricos automáticos. Más bien, parecen requerir un proceso lento que considere la educación cultural hacia una conciencia crítica, iniciada y sustentada por movimientos sociales que busquen transformar aquellas instituciones que impiden el crecimiento desde las locales hasta las globales, a través de alternativas de desarrollo conductivas (Gil, 1998).

Los servicios sociales tienen que continuar el esfuerzo de desestigmatizar a las familias no tradicionales que son marginadas. Muchas familias, más que recibir apoyo de sus familiares y parientes, reciben las mismas críticas y resentimiento social, lo que les añade mayor responsabilidad en el cuidado de estos. Los reclamos son reflejo de la visión discriminada que la sociedad posee de las familias de abuelos/as custodios de sus nietos/as. Estas son consideradas familias en las que los padres-madres no pueden tenerlos por conveniencia, por razones de ventaja económica, irresponsabilidad, drogas, negligencia y otros. Los abuelos/as custodios de sus nietos/as se encuentran tratando de "cubrir" una situación, por la cual el juicio social reclama por las faltas de esos padres (que son sus hijos/as). Desde el punto de vista social, estas reciben parte de este castigo, puesto que son vistos/as como responsables por las situaciones de vida de estos. Muchos abuelos/as custodios sufren además por la razón que los ha llevado a cuidar a sus nietos, ya sea la muerte o encarcelación de sus hijos/as, vergüenza, culpa y ansiedad por la enfermedad de su hijo/a o la muerte por SIDA (Joslin en Hayslip, 2005). Sin embargo, es posible abundar en este análisis, agregando que la raíz de esa vergüenza, culpa y ansiedad es creada y fomentada por el sistema social y político que viven a diario, el cual, por diversas razones, los excluye y victimiza.

En ocasiones, se realizan expresiones públicas que fomentan las dinámicas de discriminación y marginación de las familias de abuelos/as custodios de sus nietos/as. Esto, como en el caso del Departamento de Justicia de Puerto Rico, cuando le atribuye a los abuelos/as custodios de sus nietos/as, provocar encontrarse en ese rol, debido la ganancia económica que obtienen del proceso (Departamento de la Familia, 2007, 23 de marzo). Sin embargo, la realidad es otra. Las limitaciones económicas son un aspecto en el cual se encuentran inmersas las familias de abuelos/as custodios de sus nietos/as y las personas de edad mayor en Puerto Rico. Estudios han demostrado que las familias de abuelos/as custodios de los nietos/as son más pobres que familias lidereadas por los padres (Simmons & Lawler, 2003). Los abuelos/as custodios de sus nietos/as reciben limitadas ayudas económicas. Las familias a las que el tribunal ha otorgado patria potestad, o el cuido, como resultado de arreglos familiares o por limitaciones de los padres, no son consideradas para ayudas económicas del Estado. El alto costo para la subsistencia económica en general para la población, pero en especial para los menores, coloca a estas familias en mayor desventaja económica. Las limitaciones económicas tienen serias repercusiones en las vidas de estas familias. Este tipo de planteamientos fomentan el discrimen hacia estas poblaciones. Entender los actos que realizan los seres humanos que coexisten en esta sociedad no puede reducirse al juicio de un aparente interés económico, puesto que las dinámicas de estas familias se presentan en un contexto mucho más complicado. Se desconoce la realidad de los abuelos/as custodios de sus nietos/as. En una sociedad que destaca demandas económicas, culpas sociales, inutilidad atribuida a las personas de edad mayor, el prejuicio, desprecio social y el maltrato al que a diario son sometidas estas familias contribuyen a empeorar el estado de desventaja y marginación en el que ya se encuentran.

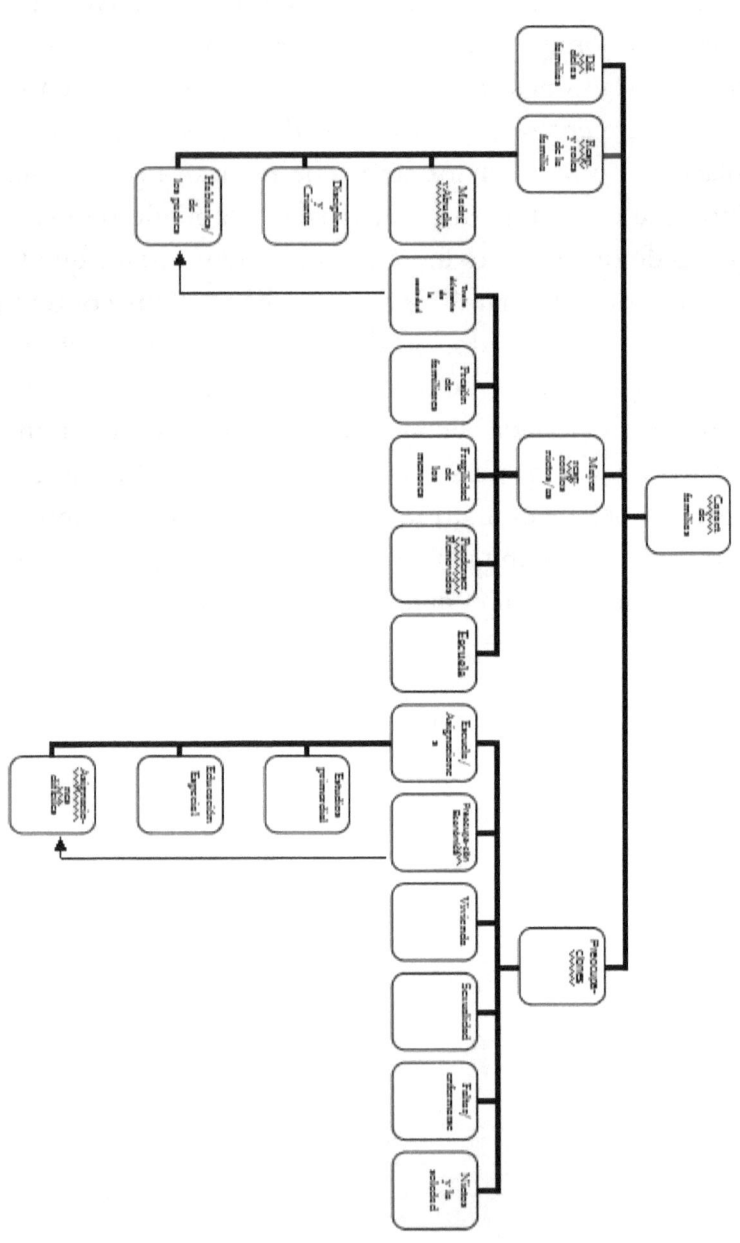

Entrevistas con abuelos/as custodios de sus nietos/as y el Trabajo Social

Las entrevistas a las abuelas en familias de abuelos/as custodios de sus nietos/as revelaron grandes contradicciones entre los principios profesionales del Trabajo Social y la práctica. Las categorías relacionadas al Trabajo Social emergentes fueron: amenazan/afectan a las personas; reglamentan/establecen normas; no son entes de confianza o para la apertura; no facilitan los procesos; contribuyen a las esferas de poder. Otro grupo relacionó al Trabajo Social como uno de apoyo o ayuda.

Las familias relacionan al Trabajo Social con un personal que amenaza y afecta a las personas. Estas amenazas invaden abruptamente sus espacios familiares.

Yo no voy a llamar a servicios sociales porque a uno no le gusta hacer daño (4:396)

Las agencias de servicios y apoyo como el Departamento de la Familia son vistas con temor y recelo y en ocasiones generan sentimientos violentos. Por otro lado, los trabajadores/as sociales son vistos como entes que regulan y establecen normas relacionadas a las relaciones entre las personas, también vigilan y fiscalizan a las familias.

Mira cómo me dijo: tú eres la abuela y se supone que esas niñas las tenga su madre y yo le dije: tú no eres trabajadora social, tú eres la administradora del residencial, tú no tienes que ver nada con los sentimientos de las personas (6:584)

Tienen diferentes sociales para cada persona, a mí me tocó una muchachita joven… ella me dijo que estábamos bien para haber tantos nenes, que la casa estaba bien, que la casa estaba recogida… y que tenía compra… y que estaban vacunados… es un trabajo que ella tiene que hacer y tiene que seguir… como quiera… ese es su trabajo… aunque no quiera… (9:350)

La documentación para acceder servicios para los menores es, en ocasiones, un obstáculo. Muchas veces los trabajadores/as sociales adjudican prioridad a los procesos de documentación más que a las necesidades de las familias. Esto lo definen las siguientes citas:

En aquel momento yo no tenía la custodia del niño, pero pues, la mamá no respondía, yo me tiré para los hospitales y los trabajadores sociales lo que decían que era, decir pues, no se te puede dar el servicio porque tiene que venir el papá con la mamá y yo tenía que volar a buscar a mi hijo en donde estuviera, trabajando, y decirle: mira el nene está malo, que hasta lo botaron del trabajo y los trabajadores sociales como que eran intransigentes en esa área (2:622)

(en términos de la custodia) No fueron ellos que me ayudaron… yo fui por mi cuenta, porque tuve un montón de problemas para firmar y conseguir servicios para las niñas. Yo dije: sí, tengo una emergencia y tengo que conseguir la madre y si no la consigo ¿qué voy hacer? (7:548)

Por otro lado, los discursos relacionados a los/as trabajadores sociales escolares varían.

Pues fíjate que nunca he tenido problemas, siempre ha estado todo bien... siempre me ayudan, cualquier cosa yo vengo donde ellas, bien chévere... (1:244)

Según la percepción de las familias, resulta difícil determinar aspectos uniformes o que distingan la intervención social de los profesionales del Trabajo Social. La intervención social es determinada por la agencia o el escenario en que laboran. No se debe confundir la diversidad de tareas en los diversos escenarios y los aspectos que destacan, distinguen e identifican la profesión. En la diversidad profesional dentro de las disciplinas relacionadas con la conducta humana existen áreas que se comparten (tareas, roles y principios) con otras disciplinas (Kirst, 2006). Sin embargo, deben existir aspectos que se relacionen y ofrezcan identidad de esa profesión particular. Algunos de los trabajadores/as sociales se perciben como entes de apoyo, pero no se entiende que esto sea un aspecto que destaque la disciplina que comparten, sino por opción propia o el escenario donde laboran.

Por otro lado, los profesionales del Trabajo Social

también son reconocidos como agentes sociales que tienen la labor de establecer, reglamentar, aprobar, regular los sentimientos y emociones de las personas. Estos son identificados como entes que establecen lo que las personas deben poseer para su sustento o seguridad. Estos son vistos como empleados/as cuya labor es primordialmente completar documentos y hacer cumplir reglamentos, mientras las familias carecen de servicios. El rol de agente de cambio del Trabajo Social tiene que revisarse en términos de la carga y la relación que este tiene con el Trabajo Social de casos, obsoleto hace décadas. Un agente tiene en sí mismo que partir de una intervención intencionada a cambios. Este *agente* tiene una agenda para determinar, buscar y fomentar el cambio. El Trabajo Social *facilitador* busca que las personas, grupos y comunidades determinen en sí mismos la necesidad de cambios o aquellos aspectos que entienden que deben modificar. Es importante notar que los cambios que el Trabajo Social persigue son los cambios de las estructuras sociales y no las de los individuos y familias.

Trabajadoras sociales (Guardiola, 1998; Seda, 2003) han destacado los efectos que las prácticas de control y adaptación tienen en las poblaciones en desventaja. El Trabajo Social ha fallado en no transformar las agencias con las que labora, las cuales cada vez más responden a enfoques neoliberales y residuales.

La intervención social del Trabajo Social tiene que considerar el promover mayores formas de respaldo a las personas de edad mayor en familias de abuelos/as custodios de sus nietos/as. Es necesario fomentar mayor intervención familiar y grupal, en donde se integre a los menores como parte de las actividades. Los abuelos/as custodios de sus nietos/as entienden esta área como una clave en el desarrollo de las familias. El Trabajo Social no debe perder de vista que los procesos de intervención no pueden apartar a los menores de las familias.

Existe la necesidad de que se promuevan actividades donde los abuelos/as custodios de sus nietos/as se hagan visibles y destaquen sus fortalezas. Muchas de las actividades que se realizan son actividades grupales, en las que media la exposición de un especialista que les habla y les explica a las familias diferentes temas de interés. En esta, hay una presentación de los aspectos relevantes y recomendados relacionados con el tema, en donde median preguntas que el/la experto/a responde. De entrada, la figura del especialista en este tipo de actividad propone la falta o limitación de conocimiento de la audiencia en términos de los conocimientos que adquirirán. Si bien es cierto que una parte importante de la intervención social es la adquisición de conocimientos, estos también se construyen con experiencias propias de vida o previas en general (Bruner, 1960; Cross, 1981). De esta manera, se pueden adquirir las metas de concienciación de Freire (2002) o de liberación de Kant (1987). Es entonces prioritario proponer actividades en donde las familias se transformen en expertos *facilitadores*, donde impere un clima de libre expresión de pensamientos, creencias e ideas y se mantenga un ambiente seguro que provea para el logro de la meta del aprendizaje-enseñanza (Comerford, 2003; García et al. 1999; Wertheimer, 1959). Estas actividades grupales deben considerar la participación de los menores.

Pero yo siempre digo también que los talleres deben ser para la juventud, para los nenes, porque a veces por lo que puedes decir a los nenes, por ejemplo, yo que le digo algo a la nieta y ella me dice: no, eso no es así abuela... (5:200)

Es importante reforzar la intervención con familias y la participación de los menores en esta. En ocasiones las abuelas necesitan refuerzos del personal, así como la garantía de recibir la misma información que los menores.

El Trabajo Social tiene que reconocer como un aspecto importante en la intervención y desarrollo de políticas sociales la situación económica de las familias de abuelos/as custodios de sus nietos/as. En ocasiones, estos tratan de acceder a servicios que no pueden lograr.

Por ser abuela y estar viviendo en mi casa, no me lo otorgan. Si no que están conmigo día y noche... yo fui a solicitar pero me dijeron que no. Yo tengo una vecina que cuida a sus sobrinos unas horas y le dan como 300 dólares. Me dijeron que las nenas no cualificaban porque vivían conmigo bajo el mismo techo. Ellos vinieron a ver la casa y los cuartos a ver si tenían un cuarto aparte. Vinieron dos veces a ver cómo estaba la casa (7:61)

Es necesario que las políticas sociales aseguren que estos tengan acceso a otros beneficios como asistencia pública, programas de alimentos, *Medicaid* y otros (Cox, 2000). De la misma forma, es necesaria la creación de programas de servicios en general que puedan asistir a estas familias.

El Trabajo Social tiene que continuar colocando en el centro de la investigación e intervención las voces y necesidades de las familias con las que trabajamos. Existe la necesidad desde la academia de trascender las complejidades y convertirlas en elementos prácticos de intervención y transformación social.

Reflexiones para la intervención social: el rol del Trabajo Social

Es imposible para un trabajador/a social practicar obviando el conocimiento de la política social y su influencia en el Trabajo Social (Ruiz, 1998). La política social es definida como aquel principio para el desarrollo y perfeccionamiento de las relaciones y procesos sociales; en este sentido, incluye profundas transformaciones en la sociedad (Guardiola et al., 1984). Las estrategias de políticas transformadoras se dirigen a elevar el nivel de conciencia y cultura de un pueblo. Estas son parte de un proyecto político más amplio que intenta modificar o transformar la estructura económica (Guardiola et al., 1984).

La crítica a la participación de los trabajadores sociales en programas donde (históricamente) se ha hecho presente la dimensión del alivio, ha limitado la meta de la transformación estructural en la sociedad (Seda, 2003). Muchas de estas políticas son asistencialistas y no persiguen la transformación de los sistemas. Las políticas asistenciales no van encaminadas a superar o modificar las causas asociadas al fenómeno (Guardiola et al., 1984;

Seda, 2003). Las mismas tienen el propósito de ofrecer servicios a la población de bajos ingresos que les permita alcanzar un nivel de vida adecuado y en ocasiones de subsistencia. Sus inicios están asociados a actividades caritativas a personas con deficiencias individuales. La base es un enfoque de patología social, en el cual esas características o insuficiencia personal se plantean como la razón de ser de la política pública, por tanto se presume que el problema reside en el individuo (Guardiola, 1998).

La mayoría de los legisladores/as que participaron del estudio de Guardiola (2002): *Política social y Trabajo Social en Puerto Rico* estuvieron de acuerdo en que la misión de la profesión es asistencial. De la misma manera, una gran cantidad de legisladores (93.1%) opinaron que los trabajadores sociales tenían muy poca o ninguna participación en el proceso legislativo y que las personas que reciben servicios no participan en el desarrollo de las políticas sociales (Ruíz, 1998).

La Asociación Nacional de Trabajadores Sociales en los Estados Unidos y el Centro de Trabajo para la Salud de la Universidad de Albany, realizaron el estudio *Asegurando la suficiencia en la fuerza de empleo: Un estudio nacional sobre trabajadores/as sociales licenciados* (Cotton, 2006; Grobman, 2006). Este informa que el número de trabajadores sociales que proveen servicios a personas de edad mayor disminuye, a pesar de los aumentos proyectados del número de adultos que necesitan servicios de Trabajo Social, debido a la carga de casos y el bajo salario, entre otros. El estudio menciona que los adelantos de la medicina moderna extienden las expectativas de vida y el número de americanos de 60 años o más aumenta. La necesidad y demanda del servicio de Trabajo Social para las personas de edad mayor aumenta dramáticamente. Expresa Brian Hofland, Director del Programa de Personas de Edad Mayor, que esta población posee necesidades de cuidado complejas y los trabajadores/as sociales son enlaces y agentes de ayuda (Grobman, 2006). Los hallazgos de este estudio confirman la necesidad de la existencia de trabajadores/as sociales adiestrados en las áreas geriátricas.

Según el periódico *Examiner* de Washington (en Cotton, 2006), que reseña el estudio, cada vez son menos los estudiantes de Trabajo Social que se especializan en áreas relacionadas a la gerontología. Los trabajadores/as sociales geriátricos están especializados en el cuido coordinado relacionado a alimentos, vestimenta, cuidado y otros, a personas de edad mayor, que por alguna razón no pueden ser atendidos por sus familiares. El estudio indica que un 17 % de las agencias tienen vacantes de Trabajo Social y el 21% refieren que estas posiciones son de difícil reclutamiento.

La Ley *Viviendo Equitativamente: Abuelos ayudando a Niños y Jóvenes*, por sus siglas LEGACY, fue aprobada en el Congreso de los Estados Unidos en el 2003, con el propósito de adiestrar a personal a ayudar a los abuelos custodios a cualificar para asistencia de vivienda y proveerles ayuda financiera para remodelar sus casas e incluir en ellas a sus nietos/as (Fuller Thomson et al., 2005). En South Bronks, Nueva York, existe el primer proyecto de vivienda desarrollado exclusivamente para abuelos/as que están criando nietos/as (Universidad de Cornell, 2006).

Esto representa la necesidad de evaluar alternativas similares que representen políticas sociales de avanzada para esta población.

El rol de defensores ha sido uno tradicional del Trabajo Social. Sin embargo, el mismo se redefine al establecer que para llevarlo a cabo es necesario trascender la práctica de adiestrar estudiantes para emplearlos en carreras relacionadas al Trabajo Social con personas de edad mayor, sino asumir el compromiso de la idea de la promoción de la interdependencia de las generaciones (Enright, 1994).

Rivera (2002) recomienda que los/as trabajadores/as sociales deben reconocer la presencia de los niños/as criados por sus abuelos/as para ser más responsivos a su realidad social. La participación de los trabajadores/as sociales en el rol de defensores a través de las políticas sociales puede servir de catalizador de políticas sociales que afectan los intereses educativos de esta población (Norward y Williams, 2005). Es en ese rol de defensores que se torna importante que el Trabajo Social esté consciente de las necesidades de estas familias, así como de los recursos disponibles y la necesidad de movilizar comunidades de manera que se comprometan con las vidas de estas familias intergeneracionales (Kelchner y Rosenwald, 2005).

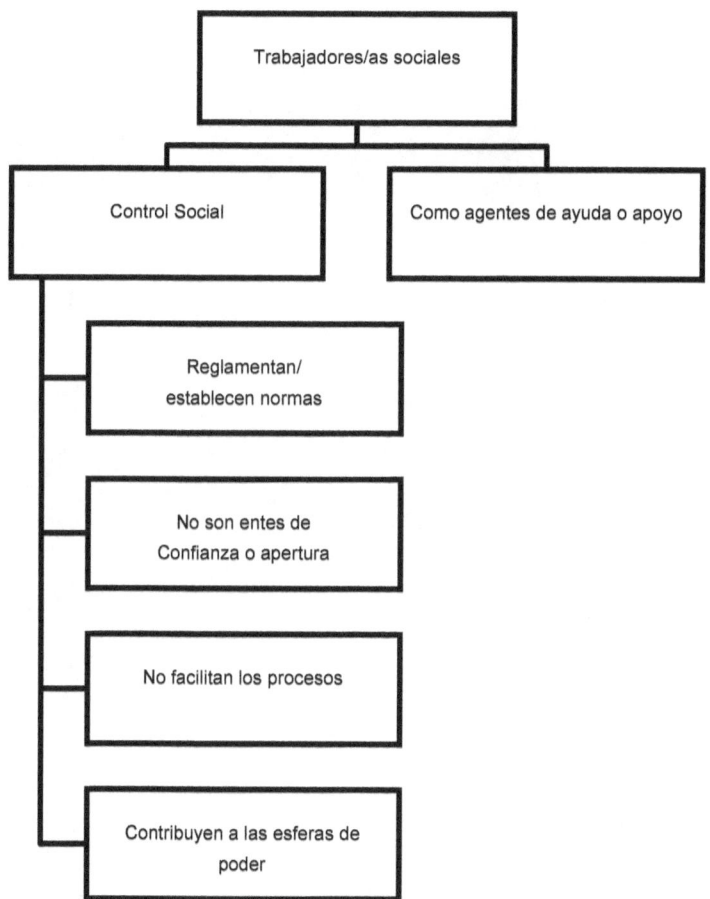

IV. POLÍTICA DE INMUNIZACIÓN ESCOLAR EN PUERTO RICO: EXPERIENCIAS DE LAS FAMILIAS DE ABUELOS CUSTODIOS DE SUS NIETOS Y NIETAS

La Ley 235 del 23 de julio de 1974 (Legislatura de Puerto Rico, 1974) es la primera legislación en Puerto Rico que establece compulsoria la inmunización de los menores para recibir servicios de educación pública. No obstante, esta legislación solamente hacía obligatorio los grados *kinder* y primer grado. La medida expresa que el Estado "en el uso de su poder de *Parens Patriae* entiende de vital importancia el que un menor de edad comience su vida escolar debidamente inmunizado..." (Exposición de motivos, Ley 235, 23 de julio de 1974).

La Ley 25, del 23 de abril de 1983 (Legislatura de Puerto Rico, 1983), derogó la ley previa núm. 235 del 1974. Esta extiende el requerimiento a todos los estudiantes del sistema de educación pública, incluyendo colegios y universidades autorizadas por el Consejo de Educación Superior. Ningún menor podrá ser admitido o matriculado en una escuela, centro de cuidado diurno o centro de tratamiento social, si no está debidamente inmunizado. Esta propone (como la anterior): "establecer mecanismos para que todo menor de edad que comenzara su vida escolar estuviera debidamente inmunizado contra aquellas enfermedades que interferían con el desarrollo máximo de sus capacidades físicas e intelectuales". Aunque, por otro lado, delega como responsabilidad al registrador o directores de los centros de cuidado diurno o centros de tratamiento social requerir al estudiante o niño preescolar el certificado de inmunización (artículo 2), de lo contrario será excluido hasta que reciba las dosis necesarias (artículo 4). Además, todo padre, madre o tutor de una niño preescolar o estudiante menor de dieciocho años (18) que no cumpla con las disposiciones de esta ley será culpable de delito menos grave y sancionado con pena de reclusión que no excederá de seis (6) meses o multa que no excederá de quinientos (500) dólares o ambas penas a discreción del tribunal (artículo 7).

Esta ley establece en su artículo 5, que no se requerirá el certificado de inmunización para admisión a la escuela de aquel estudiante que presente una declaración jurada de que él o sus padres pertenecen a una organización religiosa cuyos dogmas confligen con la inmunización. Esta declaración jurada tiene que incluir "nombre de la religión o secta y deberá ser firmada por el estudiante o sus padres y por el ministro de la religión o secta". A pesar de eso "las extensiones por razones religiosas serán nulas en cualquier caso de epidemia declarada por el Secretario de Salud".

En los casos de menores que provienen de hogares sustitutos o protegidos por el Departamento de la Familia, la ley provee para que se acepten en el sistema escolar provisionalmente con la responsabilidad del director/a escolar de proveerle las mismas en dos semanas desde su ingreso (art. 4). A pesar de que la ley establece en su artículo 12 que será responsabilidad del Secretario de Salud proveer gratuitamente el servicio de inmunización (Legislatura de Puerto Rico, 1983), el Departamento de Salud y el Programa de Vacunación han comunicado que "aquellos que acudan a algún proveedor o centro de reforma no deben pagar más de $10.00 por la administración de la vacuna" (Morales, 2006, 14 de julio).

Contexto teórico

Existen diversas formas de abordaje teórico con respecto a las políticas sociales. Entre estas perspectivas se encuentra la Economía-Política de la Vejez (Estes, 2003). Esta perspectiva plantea las formas en que el sistema capitalista y el Estado contribuyen a la marginación y dominación de las poblaciones de edad mayor, siendo las políticas sociales productos del sistema económico-político de la realidad socio-cultural contextual y no producto de las necesidades sociales. El auge de la economía capitalista ha provisto el contexto para la reinterpretación del envejecimiento. Los anciano/as son devaluados por su disminución de fuerza física, lo que significa menos producción y ganancia para el capitalismo (Wang en Chambon et al., 1999).

La economía política de la vejez propone la necesidad de examinar la construcción social de los problemas y los remedios para lidiar con estos. Becker (en Longress, 2000) presenta una investigación para las Ciencias Sociales de forma *crítica evaluativa*. Este autor menciona que la investigación cualitativa ofrece soluciones *apasionantes* a las condiciones que identifica y provee formas de solucionar situaciones sociales. Las políticas sociales son aquellos principios para el desarrollo y perfeccionamiento de las relaciones y procesos sociales; en este sentido, incluye profundas transformaciones en la sociedad. Las estrategias de políticas transformadoras se dirigen a elevar el nivel de conciencia y cultura de un pueblo. Estas son parte de un proyecto político más amplio que intenta modificar o transformar la estructura económica (Guardiola, Canino, y Pratts, 1984). Existe una brecha entre la aprobación de una política y su posterior proceso de implantación, en donde radican muchos de los problemas de estas (Di Nitto y Dye en Ruíz, 1998). Estes (2003) establece que las políticas sociales son determinantes en las oportunidades y condiciones de vida de las personas de edad mayor. Qué oportunidades y mejores condiciones de vida provee la legislación número 25 de Inmunización Escolar a las familias no tradicionales de abuelos/as con la custodia de los nietos/as se convierte así en una pregunta central de la investigación.

Análisis de discursos como herramienta para la investigación

Existe relación entre factores sociales y el lenguaje, por lo que resulta importante el estudio de este para entender la cultura y las dinámicas que allí ocurren (De Lucca en Rosa, 2007). El análisis de discurso se ha mencionado como un método cualitativo de investigación (Taylor y Bogdan en Burgos, 2011). El investigador social tiene razones para estar especialmente interesado en aquellas acciones que pueden concebirse, de algún modo, como expresiones, como elemento perteneciente a un sistema expresivo, a un lenguaje (Delgado,1994). Establece Delgado (1994) que las expresiones, del tipo que sean, son el mecanismo por el que la subjetividad del agente se manifiesta ante sí mismo y ante los demás, por ello, suministran el indicio más directo y revelador de la estructura de esa subjetividad y del sentido de sus acciones. Menciona que cabe afirmar que las expresiones constituyen el tejido propio de la vida social. Este autor explica que en la medida en que el análisis de contenido se concibe como una perspectiva metodológica cuya finalidad sería la investigación de las virtualidades expresivas de expresiones en general, el mismo no tiene por qué restringirse al ámbito de las expresiones verbales. Las expresiones verbales pueden producirse en dos formas distintas: como expresiones orales o como expresiones escritas.

En la hermenéutica objetiva de Oevermannn el método es el análisis de *textos de interacción*, es decir, de cualquier documento escrito, oral o visual que recoja una interacción entre individuos (Delgado y Gutiérrez, 1994). El análisis de contenido de documentos es necesario, puesto que de las entrevistas a profundidad no se puede obtener o aprender sobre el contexto cultural (conocimiento acerca del tema) ya que estas se enfocan en las relaciones de los individuos con su contexto (Nagy & Levy, 2004).

Los estudios consideran diversas formas de analizar los datos y presentar resultados del análisis documental cualitativo (Coffey y Atkinson en Robles et al., 2006). Para propósitos de la presentación y organización de esta parte, se tomó como referencia el método de identificación y codificación de unidades de información (Lincoln y Guba en Sánchez, 2000), pero aplicado a los textos de los documentos. De esta forma, se agrupan y se citan unidades de información de los documentos revisados, lo que provee para el análisis de los temas.

El análisis realizado consideró documentos claves en el desarrollo e implantación de esta política en Puerto Rico. Entre los documentos se encuentran: la Legislación núm. 25, de 1983; la Legislación núm. 235 de 1974 (legislación previa); reseñas de prensa destacadas relacionadas a la legislación (junio, octubre, diciembre de 2005 y julio de 2006 y rollos de discusión de los archivos legislativos de Proyecto del Senado 959 (posteriormente Ley 25).

Se utilizó la siguiente guía con categorías predeterminadas para dirigir el análisis. Esta guía fue preparada para propósitos del análisis de la política, sin embargo, puede servir de referencia para el análisis de otras políticas.

1. Funciones alusivas a la familia tradicional
   1.1.1 Ej. Familia como institución, socialización, responsabilidad de los menores, seguridad, reproducción

2. Alude al rol de padres/madres biológicos
   2.1 Discursos relacionados con roles de padres/ madres biológicos
   2.2 Sugiere figuras de género tradicionales.

3. Hace referencia a aspectos locales-culturales que destacan la tradicionalidad de familias
   3.1 Aspectos religiosos

3.2   Tradiciones históricas

4. Fuentes de apoyo para la diversidad de familias
    4.1   Recursos que se proveen para la diversidad de familias
    4.2   Incluye planes alternos para facilitar su cumplimiento en situaciones de emergencias u otras

5. Provee mejores condiciones de vida a las personas
    5.1.   Provee incentivos para el logro de la misma
    5.2.1   Legalidad- No viola derechos constitucionales u otros derechos de las personas (Bardach, 2000)
    5.2.2   Amplía los derechos de las familias
    5.2.3   Posee sentido de libertad, seguridad y bienestar en su espíritu. ¿Es coherente con el plan que sugiere de implantación?

6. Aspectos generales del análisis
    6.1.   Posee metas que se pueden evaluar (Bardach, 2000).
    6.2   Considera principios éticos (Forester, 1999) relacionados con la igualdad y justicia (Bardach, 2000).
    6.3   ¿Cómo se hace pública la política? ¿Cómo se promueve, se presenta públicamente? (Jones, 1984).
    6.4   Parte de principios participativos y deliberativos (Forester, 1999)

Una de las áreas centrales de este análisis demuestra que la Ley 25 no evidencia en sus textos la inclusión de familias no tradicionales o la apertura a estas. Este reconocimiento a la diversidad de familias implica la consideración de la diversidad cultural. Este debe considerar formas en que se les provea a las familias de las decisiones en términos de la búsqueda de diferentes tipos de servicios de salud preventiva para los menores. Aun cuando se menciona la excepción en el aspecto religioso o médico, los mismos están condicionados a la decisión del Secretario/a de Salud.

Este análisis también demuestra que la política social número 25 de inmunización escolar enfatiza las funciones y roles tradicionales de las familias, reconociendo la relación de las personas responsables del menor solamente biológica y legal *padres y tutores*. Es relevante destacar cómo esto coincide con la misma visión de reconocimiento social del grupo familiar tradicional; la figura biológica y legal (padres, hermanos-matrimonio). Esto influye en la exclusión de diversas composiciones de familias que no cumplan con estos parámetros como es el caso de aquellos/as abuelos/as cuidadores.

El análisis de discursos de los documentos relacionados con la legislación enfatiza la responsabilidad por el cumplimiento y las penalidades por la violación a la ley, primordialmente en el menor. Esto se traduce en la práctica cuando se evidencia que, en el proceso de implantación, se les notifica o reúne a los menores para informarles estar en violación a la ley. Los mecanismos utilizados para intervenir con los menores levanta la preocupación de la incongruencia de la etapa de desarrollo en que se encuentran los menores y la necesidad de recibir y manejar esta información. Estas intervenciones pueden tener serias repercusiones para los niños/as, puesto que refuerzan la introspección de un sujeto el cual se encuentra en violación a la ley y reglamentos, lacerando el ambiente de seguridad que necesitan en estas etapas. Las estrategias que se utilizan, además, violan la confidencialidad de las familias puesto que el interrumpir las tareas escolares para suspender a los menores de la escuela hace que el personal y otros padres/madres puedan identificar fácilmente aquellos estudiantes no vacunados y en violación a la ley. Como se ha presentado anteriormente, algunos de estos casos se han reseñado en prensa. Las voces de las abuelas corroboran las implicaciones que tiene esto no solamente para los menores, sino para las familias en general. Es importante destacar que el enfoque de la ley hacia la intervención y responsabilidad del menor influye en la prevalencia de una intervención social *con el menor*. Esto implica que, en los procesos de intervención social, se puede perder de vista la necesidad de la intervención de ayuda hacia la familia.

> Será responsabilidad del registrador o de los Directores de los centros de cuidado diurno... requerir del estudiante o niño/a preescolar el certificado de inmunización. Artículo 2 (Ley 25, de 25 de septiembre de 1983).

> En aquellos casos que el estudiante o niño/a preescolar no presente el certificado de inmunización al

nicio de clases, el registrador o director... Artículo 3 (Ley 25, de 25 de septiembre de 1983).

El estudiante o niño/a preescolar deberá presentar una certificación escrita del profesional que le administró la dosis conjuntamente con un plan para completar la dosis requerida para la inmunización. Artículo 4 (Ley 25, de 25 de septiembre de 1983).

Cualquier estudiante o niño preescolar que pretenda asistir o asista a una escuela o centro de cuidado diurno sin haber cumplido con las disposiciones de esta ley... Artículo 6 (Ley 25, de 25 de septiembre de 1983).

La falta de esta notificación no eximirá al estudiante o niño preescolar de presentar el certificado de inmunización. Artículo 3 (Ley 25 del 25 de septiembre de 1983).

Otros documentos periodísticos mencionan:

...durante el día de ayer se citó a los estudiantes que no tenían las vacunas al día... la directora les comunicó que no podían regresar hasta mostrar evidencia de cumplir con la Ley de Vacunación (Parés, 2005, 18 de octubre).

Las políticas sociales deben ser instrumentos que surjan del análisis y entendimiento de la necesidad del bienestar social. Estas intenciones deben asegurar que las políticas amplíen derechos a las personas, sobre todo, a aquellas poblaciones oprimidas y marginadas. La política social de inmunización escolar no amplía los derechos de los menores y sus familias, sino que los condiciona. Es importante reconocer la necesidad de que las poblaciones en desventaja reciban mecanismos con los cuales puedan realizarse como seres humanos dignos. Estos derechos a ampliarse tienen que ser vistos desde los derechos humanos y no los derechos legales. En este sentido, los menores excluidos de las escuelas carecen del reconocimiento de los principios de libertad, dignidad e igualdad que merecen.

Los textos de la legislación no muestran aspectos como: evaluación de la política, la inclusión de investigaciones o estadísticas, la discusión para su creación o la integración de participación ciudadana. Por otro lado, la política social examinada refuerza roles y funciones tradicionales de la mujer en la sociedad a través de los visuales de los anuncios de vacunación mientras por otro lado no utiliza lenguaje inclusivo en los textos de la legislación.

Las estrategias de políticas sociales, como la legislación 25, recurren a la amenaza de consecuencias en las personas y niños/as para lograr sus metas, en vez de proponer el desarrollo de actividades que conciencien y faciliten a las personas el acceso a los servicios de salud.

...será culpable de delito menos grave y convicto que fuere será sancionado con pena de reclusión que no excederá de 6 meses o multa que no excederá 500 dólares o ambas penas a discreción del tribunal... Artículo 7 (Legislatura de Puerto Rico, 1983)

...no se admitirán excusas y a los padres que intenten matricular a sus hijos sin las vacunas necesarias. (Roldán, 2005, 7 de junio)

Estos textos parten de discursos que adjudican a las familias debilidad, carencia de diligencia y responsabilidad, por lo que se hace necesario la obligación para el cumplimiento de la ley. Es posible dirigir los textos de la política de manera que las intenciones de esta consideren las formas en que el Estado puede contribuir a la concienciación de la salud y proyectarse como un ente mediador y facilitador de procesos. Las políticas y servicios sociales han asumido el discurso neoliberal que propone la responsabilidad de las personas por su situación social (Guardiola, 1998). Los programas de servicio social se centran en procesos de admisión y elegibilidad, entre otros. La visión de los programas no es proveer servicio de acuerdo con las necesidades de las comunidades y familias, sino que estas deben amoldarse a las reglas y exigencias de los programas sociales. En ese sentido, las personas sirven a las agencias, de forma tal que en la medida que las familias cumplan con las exigencias de las instituciones se asegura su existencia.

A manera de contraste, la legislación anterior a la Ley 25 de Inmunización de Menores (Ley 235 de 1974), era menos restrictiva. La misma cambió de ofrecer el primer mes de clases para su cumplimiento, a requerir las inmunizaciones como condición para requerir servicios en la actual legislación. Actualmente es más restrictiva que políticas similares en Estados Unidos como es el caso de Nueva York (§ 2164), en donde se ofrecen hasta 14 días para que las familias presenten el certificado en la escuela, mientras el menor puede recibir servicios de educación (CDC, 2007).

El que esta política se torne más restrictiva demuestra la presencia y desarrollo de la visión residual en las políticas sociales. Las alternativas para combatir esta visión residual tienen que considerar el logro de transformaciones sociales. Sin embargo, estas transformaciones implican transformar la conciencia social colectiva, de forma tal que se redefina el rol del Estado. Esta nueva visión del Estado no se propone a sí misma como un ente apartado desde la subjetividad separada del objeto de Foucalt (1977) o desde el *yo apartado* de Bauman (2002), sino a través de una definición en donde todos/as somos Estado. Esta redefinición del rol del Estado visualiza un ente participativo en el cual la población tenga acceso a las decisiones y los procesos.

Los servicios sociales y de protección han enfocado a través de las políticas públicas de los últimos años el enfoque hacia la seguridad y bienestar del menor. Los argumentos para lograr la inmunización de los menores (entre otras políticas) arguyen la necesidad de la búsqueda del bienestar del menor a toda costa. En este afán se ha dejado atrás la necesidad de centrar la búsqueda del bienestar de las familias, la que son parte a pesar de que los derechos de los menores no pueden separarse de los derechos de las madres y sus familias (UNICEF, 1999). Un aspecto importante en la intervención social que incluya niños/as es que el foco de esta tiene que ser la familia. La intervención social tiene que considerar iguales esfuerzos de ayuda a la familia y no enfocar el proceso en el menor. Esta intervención debe estar dirigida desde el entendido de que las familias son parte de un sistema social mayor y son las que reciben el impacto que les provoca dificultades con los menores.

Situación económica

Las familias de abuelos/as custodios de sus nietos/as poseen limitaciones económicas. La Legislación núm. 25 de Inmunización Escolar establece el ofrecimiento de servicios sin costo. No obstante, al momento de diseñar e implantar políticas sociales, es importante considerar los costos y accesos de todo el proceso para adquirir las mismas. Es decir, no se puede considerar solamente el cálculo del servicio, sino que es necesario considerar los costos y el acceso de los procesos relacionados e indirectos para adquirir los mismos. Esto es comparable con los datos del análisis de documentos en donde se evidencia que el Estado propone costos por la administración de las vacunas. Para las familias de abuelos/as custodios de sus nietos/as, la administración de servicios de inmunización para los menores implica gastos de transportación, alimentos y otros, a lo que se les suman los requeridos por el proceso.

al pueblo, pedir una
las dan fuera de las f
los documentos.

Muchos sitios cobr
supone que a travé
porque eso va ba
muchos médicos
cobrando entre

Por

Cuando tú tien
agua y la luz...
siendo un gas
necesitan...

Aq
refc
nistr
2006,

*Experiencias de los/
con la Política de In*

Son cinc
veces $2(
vacunas... e

Algunas de las obse

La Econo
sidad de examin
y los remedios
principio se ut
que plantea la
política resp
los/as custo
pectivas.
Los
núm. 25 c
tan dificul
Las abuel

Es un poquito di.
como que asigna
farmacia el Amal,
una fecha específica
que no tenemos transp
se nos hace difícil y en
través de los de la llamad

término para el cumplimiento del requerimiento de inmunización, al comenzar el periodo escolar y al momento de los refuerzos.

> Deberían dejar al niño entrar a la escuela en lo que se buscan esos papeles. Mientras el niño está cogiendo sus clases pues se le lleva y se le pone y ya, el niño está vacunado. (3:350)

Entre las alternativas se encuentran: ofrecer servicios sábados y domingos; ofrecer un periodo de gracia a las familias; intensificar los servicios durante el verano; dejar los niños/as en las escuelas mientras se realizan las gestiones.

Las familias han sugerido la evaluación como aspecto importante de los procesos de la política social núm. 25. La evaluación de las políticas sociales es un área también sugerida por la literatura especializada del área (Bardach, 2000). La evaluación sugerida por estos ha sido sustentada y fundamentada por el análisis de las experiencias históricas de las políticas de inmunización que estos han tenido a través del tiempo. Las familias plantean cómo el análisis, propuesto por el modelo incremental de las políticas sociales, se torna en una herramienta importante en los procesos de análisis de políticas. Al analizar la Política Social Número 25 de Inmunización Escolar, las abuelas proponen examinar políticas anteriores para rescatar estrategias exitosas. En la revisión de la literatura del área, esta estrategia corresponde a la aplicación del modelo de análisis de política incremental a la legislación. Los abuelos/as custodios de sus nietos/as, como personas de edad mayor y conocedores del contexto histórico, pueden ser colaboradores excelentes en estos procesos. Estas han mencionado el hecho de que "antes" se vacunara en las escuelas, asegurándoseles así el servicio a todos los niños/as y además se brindaba una visión diferente del sistema escolar.

> Iban a la escuela, así lo hacían para todo el mundo, iban enfermeras, para los parásitos nos llevaban a una esquina y nos daban un purgante allí mismo y te enviaban a tu casa, te daban una china para el sabor, para pasar el trago amargo. (7:311)

> Ellos venían y le ponían todas las vacunas que le hacían falta a todos los niños y el proceso yo encuentro que era más cómodo, entiendes, no sé por qué razón pues eso se eliminó de las escuelas, pero yo considero que era un buen método, porque así pues no había en la que decir: mira tienes que ir allá y el padre siempre está perdido y no puede ir. (2: 290)

Una de las sugerencias que se desprenden de las entrevistas es que se provea el proceso de vacunación dentro de las escuelas. De la misma manera, es necesario analizar la experiencia de la República Dominicana y otros países en Europa que han tenido éxito en las campañas y en las promociones para que las personas logren vacunarse. Actualmente, en Puerto Rico, los servicios médicos en el hogar han tenido gran éxito. Otro de los argumentos para sustentar esta práctica es que el gasto de la intervención del Estado con las consecuencias sociales, salud y otras que tiene mantener un niño/a fuera de la escuela (a consecuencia de no ser aceptado por falta de vacunas) son mayores que el gasto para proveer la vacunación en la escuela. Los niños/as y jóvenes fuera de las escuelas están expuestos y vulnerables. Aunque sabemos que no todos los jóvenes, por estar fuera de la escuela, necesariamente se vincularán a actividades delitivas, ciertamente es un riesgo. Se evidencia que mantener un confinado en el sistema correccional local cuesta $40,000 anuales, lo que representa diez veces más que la inversión pública por estudiante en el sistema de educación, que asciende a $4,000 anuales (Rodríguez, 2007, 10 de mayo).

Entre las alternativas ofrecidas se encuentra el que se pueda coordinar transportación a las personas/familias para acceder el recurso de inmunización. Estas se recogen en las siguientes citas:

> Ahora mismo yo tengo el de 12 años, ese me le falta una vacuna… viste… y ellos a mí no me han dicho nada y si se dan cuenta, yo se los digo, no tengo transportación… tengo que viajar en carro público, hay que caminar… y tú sabes que es una cosa que es obvio y yo se lo digo, entonces si sacan el muchacho de la escuela pegan a decir que el muchacho falta y que esto y lo otro, pero ellos no saben decir que falta porque lo botaron de la escuela porque no tenía la vacuna… y yo hallo que eso es injusto… (10:253)

En las entrevistas se expresa la necesidad de que las escuelas sirvan como recursos en los procesos. Esta idea de demuestra a continuación:

> La escuela debe darle más seguimiento, después que la escuela sepa cuáles tienen y cuáles le faltan pueden decirle a uno cuáles son necesarias antes de empezar, que le digan tienes que traer las vacunas, tienes que traer este papel, pues mira ya eso uno lo sabe con tiempo para uno y haciendo esas gestiones para cuando empiecen las clases tenerlo, ¿entiende?, yo encuentro que sería mejor. (1:127)

Las escuelas pueden tener procedimientos que sirvan de apoyo a las familias. Los programas escolares y la escuela deben brindar a la comunidad escolar la oportunidad de adquirir técnicas, conocimientos, actitudes y hábitos de salud que promuevan el desarrollo y bienestar personal, comunitario y nacional (Fondo de las Naciones Unidas para la Infancia, 2006). Las familias de abuelos/as custodios de sus nietos/as entienden el proceso de inmunización como uno que es parte del proceso integral de la salud de los menores, pero no lo es todo. En este es importante la integración de muchos otros aspectos que conducen a una salud comprensiva de los menores. El tema en cuestión concuerda con la literatura y con organismos internacionales (Organización Panamericana de la Salud, 1999) que sugieren que la vacunación es solo una parte de los servicios y políticas integrales de los menores, entre otros aspectos (Benguigui, 2000). Es necesario revisar cómo la Reforma de Salud y los servicios de salud en general están descansando en la vacunación como pilar de los servicios de salud de los menores, cuando esta es solo una parte.

Los recursos de orientación son aspectos que la legislación considera, así como se comentó en el análisis documental. No obstante, las entrevistas demuestran la necesidad de que se ofrezcan diversas maneras de difundir y ofrecer el servicio. En ocasiones el mismo es promovido en los medios, pero estos no tienen acceso a los mismos, como se demuestra a continuación:

> Hay veces que la ponen en la farmacia, pero mucha gente no tiene los "radiecitos", no se enteran, deben ser en cada barrio, en cada barrio deben de vacunar... Ejemplo, en mi barrio deben poner un día... mira, se va poner vacunas de cierta edad a cierta edad porque todavía en el barrio mío no se saben las cositas... (8:700)

Es necesario considerar las clínicas de vacunación por comunidades y barrios. De esta manera, las personas que no tienen transportación pueden tener acceso a las mismas. Otro de los aspectos que se desprende de las entrevistas y análisis de documentos es la posibilidad de la inclusión de un reglamento que incluya un procedimiento de referido en donde medie el/la trabajadora social escolar, para facilitar formas en las que se puedan conseguir los servicios mientras los niños puedan continuar en escuela. Podría entonces considerarse un término específico para este cumplimiento, así como mencionado anteriormente.

Otra de las alternativas, la cual a la vez ofrece participación a los abuelos/as custodios de sus nietos/as, es el requerimiento de un comité escolar que se encargue de buscar estrategias para aquellas familias que presentan problemas con los procesos de inmunización de los menores. Como parte de estos comités, las familias de abuelos/as custodios de sus nietos/as pueden ser recursos de ayuda en la búsqueda de alternativas y actividades. Esta estrategia puede ser cuestionada dado el acceso que tendría este grupo a información confidencial relacionada a las familias. No obstante, la misma cumpliría con el criterio de viabilidad (Bardach, 2000), puesto que la Ley HIPAA provee para el análisis de las situaciones por parte de aquellas entidades que delega el Estado para la salud y seguridad pública. Por tanto, una vez la estrategia sea avalada y delegada por los Departamentos de Salud y Educación, se descartan asuntos de confidencialidad.

Ideas finales

El principio que define las políticas sociales como procesos que mejoran las relaciones sociales es contradictorio con la visión de políticas que perjudican y limitan. Las políticas sociales pueden contribuir en los procesos de marginación y opresión de las poblaciones. Esto es el caso de la Legislación Número 25 de Inmunización Escolar. Es necesario tomar conciencia de que la población de personas de edad mayor son impactadas más severamente ante los cambios de políticas sociales. El Estado cada vez se desvincula más de las necesidades de las poblaciones de edad mayor y propone políticas más restrictivas.Es preciso mencionar que entre las consideraciones para la formulación de una política pública que vaya dirigida al fortalecimiento de la familia es necesario reconocer que ciertos tipos de familias son más vulnerables que otras y por tanto merecen más atención (Sánchez, 2005).

Alternativas de acuerdo con las experiencias de las familias

Las alternativas propuestas para este estudio se producen desde las experiencias de las abuelas entrevistadas. El análisis de políticas públicas se puede concebir como una adecuada configuración de información para facilitar la toma de decisiones óptimas. Sea que el acercamiento de la política se dé "desde arriba hacia abajo" o "de abajo hacia arriba", una buena forma de generar información implica interpretar las claves que proponen los discursos de los diferentes actores, como así el discurso de la política misma (Burgos, 2011). Estas alternativas trascienden la idea de sugerir alternativas a la política social y se producen a través de profundas reflexiones históricas y experienciales de las personas entrevistadas. Las abuelas tuvieron la oportunidad de examinar sus limitaciones relacionadas a la política, las experiencias de estas en su niñez relacionadas a la inmunización, su experiencia histórica y el conocimiento contextual relacionado a los servicios de inmunización de menores en Puerto Rico.

De acuerdo con las reflexiones realizadas sobre las experiencias con la legislación en las familias, se esbozan las siguientes alternativas:

1. Extender el término para el cumplimiento del requerimiento de inmunización, al comenzar el periodo escolar y al momento de los refuerzos.
2. Ofrecer los servicios de inmunización durante los sábados y domingos.
3. Intensificar u ofrecer los servicios durante el verano.
4. Permitir a los niños/as asistir a la escuela mientras se tramitan las gestiones.
5. Las familias han sugerido como aspecto importante de los procesos de la política social núm. 25, su evaluación, desde las experiencias pasadas con la misma.
6. Ofrecer los servicios de vacunación en las escuelas.
7. Coordinar transportación a las personas/familias para acceder al recurso de inmunización.
8. Que las escuelas faciliten el seguimiento y ofrezcan orientaciones sobre los procesos de vacunación.
9. Deben proveerse los servicios de salud a menores, de forma integral, los cuales consideren la vacunación entre muchos otros aspectos relacionados con la salud de los menores.
10. Realizar clínicas de salud en las comunidades. Es posible determinar áreas de mayor necesidad de recursos y que se comprometa el Departamento de Salud a ofrecer estas clínicas en las comunidades. Que las mismas se difundan a través de estrategias diversas con las comunidades.
11. Incluir en la ley un procedimiento de referido en donde medie el/la trabajadora social escolar para facilitar formas en las que se puedan conseguir los

servicios mientras los niños puedan continuar en escuela.

12. El requerimiento de un comité escolar que esté a cargo de buscar estrategias para aquellas familias que presentan problemas con los procesos de inmunización de los menores.

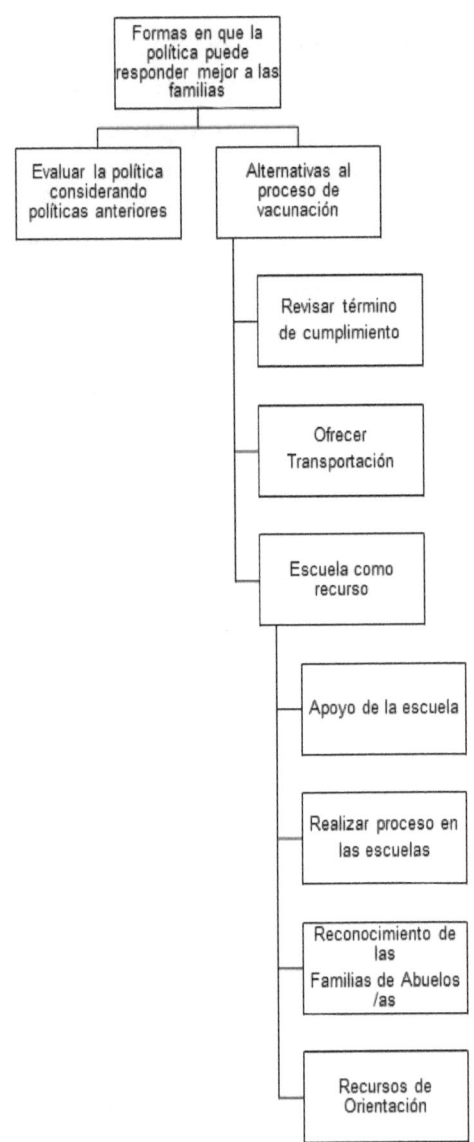

Política de Inmunización: oportunidades y condiciones de vida de las familias

Estes (2003) plantea que las Políticas Sociales son determinantes en las oportunidades y condiciones de vida de las personas de edad mayor. Al explorar la contribución de la política social en las oportunidades y condiciones de vida de las personas de edad mayor, se incluyen 3 categorías relevantes que se desprenden de los estudios revisados:

1. Cómo la política reduce estresores psicosociales
   ✓ Las políticas sociales deben considerar mejorar las condiciones de vida de las personas de edad mayor (Estes, 2003), al reducir estresores psicosociales en las familias de abuelos/as custodios de sus nietos/as (Joslin, 2002; Pinazo y Ferrero, 2003)

2. Participación y oportunidad para comunicar sus limitaciones
   ✓ Participación y oportunidad para comunicar sus limitaciones (Guardiola, 2002; Ruíz, 1997)
3. Acceso a la política social
   ✓ Acceso a los servicios de salud y educación en las familias de abuelos/as custodios de sus nietos/as (Rivera et al., 2002)

Estresores psico-sociales de las familias

La literatura relacionada al tema ha establecido ampliamente que las personas de edad mayor abuelos/as custodios de sus nietos/as enfrentan deterioro de sus condiciones físicas, económicas y emocionales, las cuales se reflejan a través de estresores psicológicos (Joslin, 2002; Pinazo y Ferrero, 2003); abandono de su salud física (Rogers; Joslin y Brouard en Joslin, 2002) y deterioro en su salud general (Marx & Solomon en Joslin, 2002). Las preocupaciones y estresores que afectan las familias se tornan relevantes puesto que muchas de estas se encuentran relacionadas con el proceso de la política social núm. 25 de inmunización de menores.

Las abuelas demuestran preocupaciones dado que la política le impide la entrada física a la escuela a los menores. Esto concuerda con los estudios en el tema cuando se establece que muchas de estas familias tienen problemas para matricular los menores en las escuelas (Ehrle en Hayslip y Kaminski, 2005).

> Y no los dejan entrar, aquí los suspendieron, pues mira, eso no es nada malo, uno no sabe qué pasó esa semana en esa casa, uno no sabe el problema que tuvieron los papás, porque a veces uno trata de hacer las cosas, esto hoy y esto mañana. (8:503)

> (tener que vacunarlos) es como la preocupación que me da cuando ella llega con la libreta, yo digo caramba eso es una cita y me preocupa porque quiero saber solo qué pasó, tiene cita, pero no te

dicen para qué es y eso es una preocupación como si tú tuvieras una bomba atómica que te explota por dentro, yo te digo a ti que eso me pone a mí bien mal, yo me desespero, yo no encuentro qué hacer, yo digo, ¡ay Dios mío!, me da de todo, hasta náuseas y vómitos me dan, hasta que voy a la escuela, cuando yo llegó a la escuela ya la niña sabe que yo estoy aquí y aparece en la oficina... (6:555)

Sí, pero ya las tiene... hay que vacunarlos porque si no, es negligencia... es maltrato... (9:225)

Afecta, Afecta... porque yo soy una persona que padezco, de insomnio, imagínate, cinco años atrás y es la preocupación que tiene uno porque no es fácil es la preocupación económica, es la preocupación de salud, es la preocupación de la escuela (7:275)

Ahora mismo eso no es un alivio (la política social) porque yo digo, no por mí, sino por otras abuelas que no pueden caminar, padecen de su diabetes, tú sabes que no es justo... (10:299)

Según las entrevistas, los requerimientos de la Política Social Núm. 25 de Inmunización causa estresores psico-sociales en las abuelas y las familias. Entre estos se encuentran: sentir la amenaza de privar a estos de la educación (a la cual le atribuyen gran importancia para los menores), angustia, incomodidad, disgusto, sentimientos de frustración con el sistema escolar. Esto agudiza los problemas de salud de los abuelos/as. Otros estresores son manifestados a través de molestias físicas, culpas, angustia, temor, incomodidad, sentimientos de ser fiscalizados u observados, preocupación por los menores, por sus hijos/as, pérdida o alteraciones de los patrones de sueño, dolores musculares, limitaciones de sus actividades sociales, sentirse amenazado/a y otros. Estos estresores tienen como resultado el que las condiciones de salud de las personas de mayor edad se agraven y asuman mayor presión en la responsabilidad por el cuido de los menores. La prioridad enfocada en los menores hace que estos dejen su salud relegada a un segundo plano. Esto concuerda con los estudios cuando se establece que la incidencia de enfermedades como depresión, diabetes, hipertensión e insomnio es mayor entre los abuelos/as custodios quienes a menudo refieren tener mayores dificultades en realizar actividades diarias en comparación con sus iguales (Minkler en Hayslip y Kaminski, 2005; Thomas; Sperry; Yarbrough, 2000).

Como dato curioso, en muchas de las entrevistas las abuelas mostraron elementos humorísticos en sus anécdotas, narrando de forma optimista situaciones difíciles y retantes. Es necesario reconocer como estas utilizan el humor como estrategia y mecanismo para lidiar con las situaciones de la vida.

En ocasiones, las escuelas se convierten en instituciones que fomentan estresores para estas familias. Los abuelos/as custodios de sus nietos/as reconocen que cumplen con las obligaciones que se le delegan, como en el caso de las certificaciones de salud, tareas escolares y otros. Sin embargo, señalan la necesidad de un mayor compromiso por parte del Departamento Educación hacia los niños/as.

Ahora mismo el niño está sin clases, y hace una semana, porque la maestra está ausente, porque no puede venir, porque está enferma, pues toda esta semana está sin clases al niño, entonces, uno dice, mira para allá, uno se levanta por la mañana, con ese aquel de que vaya el niño a la escuela y no hay clases, ¿qué van aprender ellos? Por eso es que en el día de hoy los niños, ya la edad que llegan los adolescentes a los 16 a 17 años o de 11 años para arriba, el muchacho ya no quiere ir a la escuela, porque la maestra no ha estado ahí, porque si falta una maestra, póngales otra para que el niño vaya tomando clases, pero no hay clases y los papás tienen que llevarse los niños y anuncian no hay clases por una semana, la maestra no viene hasta el lunes... a mí me gustaría que siempre él tuviera su clase porque allí que él cogió esa clase, cogió esa educación... y en el día de mañana, para lo que él estudió, ya él pueda vivir... en el trabajo que esté ya sea en un escritorio o el trabajo que tenga, tiene un trabajo y ha aprendido... (3:368)

Las familias relacionan las limitaciones del sistema de educación pública en la educación de los niños/as y las dinámicas de deserción escolar actual. La escuela tiene que reforzar las fortalezas de las familias y servir como forma de apoyo a estas. Las familias de abuelos/as custodios de sus nietos/as necesitan ver este sistema como un recurso que guíe, oriente y los ayude en sus roles como abuelos/as custodios de sus nietos/as y no en un rol institucional de reproductor de ideologías sociales y control social. Kelley (en HHS, 2015) halló que la falta de recursos económicos, mala salud física y, en menor grado, la falta de apoyos sociales, predijeron mayores niveles de angustia psicológica. El nivel de estrés puede agudizarse cuando los nietos tienen problemas médicos o de desarrollo que requieren apoyos extensos, pero los abuelos no están seguros de cómo acceder a los servicios que estos necesitan (Withley y Kelley, 2015).

Las políticas sociales en principio deben ser acciones que provean para el bienestar de la sociedad. En los textos de la ley se expresa la intención de este bienestar. La dificultad es que, en la práctica, a pesar del bienestar que se logra por un lado con el servicio de salud, por otro, agravan las condiciones de vida, en este caso, de las personas de edad mayor.

Participación/oportunidad para comunicar sus limitaciones

La participación es un término con diversos significados. Para Euclides Sánchez (2000) no puede ser un proceso individual sino colectivo, organizado de cierta manera y que responda a la construcción y objetivos particulares. Las familias de abuelos/as custodios de sus nietos/as expresan en sus discursos la necesidad de espacios de participación para comunicar sus limitaciones. Estas limitaciones son construidas con las categorías emergentes:

necesidad de orientación y apoyo, necesidad de orientación sobre la política, ayuda y apoyo a las familias, necesidad de socializar con otros abuelos/as custodios de sus nietos/as, sentirse consultado y necesidad de orientaciones grupales.

Los textos identificados en las entrevistas establecen la necesidad de orientación y apoyo a las familias de abuelos/as custodios de sus nietos/as. Esto concuerda con los estudios en el tema, cuando se establece que las personas de edad mayor en familias de abuelos/as custodios de sus nietos/as tienden a sentirse solos y con poco apoyo social (Estrella, 2005). Esta necesidad de orientación y apoyo es vista desde la falta de orientación específica en torno a la política de inmunización.

> Yo creo que deben dar una orientación a los abuelos/as custodios de sus nietos/as, miren que si ve esta cosa, esto significa tal vacuna y para qué es, que si es la vacuna de sarampión, que si es la de la viruela, etc., entiendo que debe haber orientación y que todo el mundo lo tomara, especialmente los abuelos, que cuando vean esa tarjeta qué fue lo que le pusieron y dicen, yo sé que firmaron ahí, pero no sé qué le pusieron al muchacho. (2:371)

Se adolece del respaldo de entidades para las familias de abuelos/as custodios de sus nietos/as; dentro de estas, aquellas relacionadas a la salud y la vacunación de los menores. De esta manera se valida la literatura en el área, cuando se menciona que entre los servicios que carecen los abuelos/as con la custodia de los nietos/as, salud y educación son los principales; departamentos que no les ofrecen o les dificultan las ayudas necesarias para sus nietos/as (Pruchno en Rivera et al., 2002). Otros estudios demuestran que entre estos servicios prioritarios se encuentran: asistencia económica, atención médica, servicios psicológicos y/o psiquiátricos, amas de llaves y asesoría legal (Moreno et al., 1995). De la misma forma, el estudio realizado por (Rivera et al., 2002) establece que las abuelas cuidadoras se sienten cansadas por el poco respaldo que reciben de las agencias gubernamentales.

Otra categoría emergente fue *ayuda y apoyo a las familias*. Los abuelos/as custodios de sus nietos/as carecen de oportunidades de participar de actividades y servicios que respalden su gestión como abuelos/as custodios de sus nietos/as. Las familias expresan no tener espacios para comunicar sus limitaciones individuales. Por otro lado, en ocasiones, se realizan actividades con el fin de que los/as abuelos/as aprendan estrategias y realicen cambios. Sin embargo, estos/as poseen una amplia gama de habilidades y conocimientos, por lo que deben utilizarse como recursos, de forma tal que se destaquen sus fortalezas.

La participación como concepto grupal es requerida por estas familias. Existe la necesidad de que se diseñen actividades en donde los abuelos/as custodios de sus nietos/as compartan sus experiencias y limitaciones con otros abuelos/as. En este sentido, actividades grupales, formales o informales, grupos de apoyo y otras, vienen a ser claves en el apoyo a estas familias.

Porque a veces los abuelos no hablamos, no sabemos cómo hacer las cosas y si hablamos con otro y decimos eso se hace así y verlo de otra forma y copiarte de al del lado y hacer algo que otros han dicho. (7:480)

Las actividades dirigidas a las personas de edad mayor no deben ofrecerse solamente a través de la tradicional forma de charla, con un especialista en diversas materias. Es necesario promover actividades que consideren grupos de apoyo o de consulta, así como otras que destaquen sus fortalezas y den oportunidades para que estos/as se expresen y exploren las experiencias de los demás abuelos/as custodios de sus nietos/as.

Porque nosotros no somos importantes, los importantes son los papás... siempre preguntan por los papás, nunca preguntan por las abuelas, ¿dónde están los papás de estás nenas?, nunca preguntan por las abuelas. (6:573)

La privación de participación, información y conocimiento constituyen las puertas de la marginación y exclusión de esta población. El Estado carece de medios para atender a las familias de abuelos/as custodios de sus nietos/as y contribuye en los procesos de marginación y exclusión social de las familias.

La participación/oportunidad de las familias para comunicar sus limitaciones en los procesos de política social ha sido discutido anteriormente como uno escaso y limitado (Guardiola, 2002; Ruíz, 1998). Así se demuestra en las familias de abuelos/as custodios de sus nietos/as no solamente a través de la falta de participación relacionada a la política social, sino en la falta de oportunidades (en general) para comunicar sus preocupaciones, limitaciones o fortalezas.

La teoría crítica establece la importancia de los procesos de participación. Las limitaciones en la participación y oportunidades en familias de abuelos/as custodios de sus nietos/as representa la ausencia de un proceso de concienciación, lo que propone la necesidad de la revisión de esta política social y las prácticas de intervención social. Según la teoría crítica, la conciencia ayuda a constatar el poder del ser humano al evaluar su realidad y proponer sus propias soluciones a estas. Esto propone la necesidad de proveer formas de que la población de abuelos con la custodia de los nietos/as pueda tener espacios de toma de acción y participar de sus propios procesos.

La privación de participación, información y conocimiento constituyen las puertas de la marginación y exclusión de esta población. Establece Mendicoa (1999):

> El acceso a las redes sociales y de solidaridad nos orienta a considerar las variables concurrentes en el análisis de la pobreza: exclusión y marginación. En el marco de la marginación, también aparece el excluido, de allí que se entienda, como una manera de estigmatización o criminalización. La marginación se refiere a la falta de participación activa y pasiva. La participación activa la constituye la participación en redes de decisión social, políticas y otras. La pasiva la constituye la participación económica, es decir, la inaccesibilidad en la distribución de bienes y servicios. Si relacionamos ambos

conceptos, exclusión y marginación, la síntesis emergente es la "no participación". (p.128)

Acceso al recurso de inmunización

La falta de acceso a los recursos es un área señalada por los estudios en el tema como un aspecto relevante en las familias de abuelos/as custodios de sus nietos/as. Se ha señalado la falta de acceso a los servicios de salud y educación en las familias de abuelos/as custodios de sus nietos/as (Rivera et al., 2002).

El análisis documental de la legislación concluye que el Estado no provee medios para asegurar el acceso a las familias al recurso de inmunización de menores. Esto se confirma a través de los discursos de las familias. Se establece que los servicios son limitados. En ocasiones, en lugares donde administran las mismas tienen un límite de personas, lo que les imposibilita acceder el servicio. Otra de las situaciones que enfrentan es que tienen que regresar a buscar vacunas, pues a veces escasean localmente.

> Tienes que venir mañana porque ya no hay cupo, porque te cogen como 30 ó 40 nada más, durante el día y son tantos niños, que tienes que madrugar... (2:215)

> Y he tenido que volver y me dicen: no todavía no ha llegado, hasta que voy un par de veces y yo digo: mira cuando llegue me avisan.... (9:256)

Estas limitaciones confligen con los requisitos de las escuelas, pues requieren los documentos para aceptar los niños/as en estas. Otra de las conclusiones del análisis de discursos es que los costos del servicio pueden representar una limitación de acceso para las familias. Se evidencia en las entrevistas que en la implantación de la legislación, el cargo por administración de inmunización, varía de $5.00 hasta $20.00.

A veces cobran cinco dólares por la vacuna. (7:305)

Son cinco por vacunas, me han cobrado algunas veces $20, si son más o menos tres o cuatro vacunas... es un gasto enorme... (1:142)

A pesar de que, en ocasiones, se asignan lugares privados donde el servicio de inmunización es libre de costo, algunas de estas familias carecen de transportación. Como no tenemos transportación hay que pagarla, coger la guagua para ir a llevarlo y cuando virábamos para atrás ya no había guagua, así que teníamos que coger carro público y te preguntan: cuánto tienes para pagar, y yo digo: lo que tenía son los tres pesos que tenía para la guagua, ellos dicen que es muy poco y eso y yo esperar a que alguien nos pueda llevar. (3:159)

En ocasiones, la documentación no reconoce a las abuelas como responsables de los menores y esto presenta otras situaciones de acceso:

A ella la vacunan en el médico con la tarjeta, el problema es que la tarjeta es aparte, la mía, y la de ellos, porque son mis nietos y tiene que tener un record aparte, no me los ponen conmigo, a mí me llegan dos citas... Una para los nenes y una para mí... cuando le toca la de ellos... tengo que ir, a veces me la dan un día diferente, pero yo voy y llevo los otros papeles y les digo que voy hacer las dos citas juntas..., y me dicen: no está bien..., pero ellos dicen que no los pueden poner conmigo porque ellos no son mis hijos, porque soy la abuela, entonces estamos separados..., el mío está por mi nombre, el de ellos está por el nombre del nene... (9:213)

Por un lado, los abuelos/as custodios de sus nietos/as sienten un lazo emocional materno-paterno con sus nietos/as, por otro, a través de los servicios, el Estado les recalca que no son los padres-madres biológicos de los menores. Esto es otro aspecto que contribuye a los procesos de marginación de las poblaciones de edad mayor.

El elemento añadido a la Perspectiva Económica-Política de la vejez

La Economía-Política de la Vejez plantea las formas en que el sistema capitalista y el Estado contribuyen a la marginación y dominación de las poblaciones de edad mayor (Estes, 2003). Dentro de las políticas sociales relacionadas a la vejez no se considera la influencia y el análisis de las políticas de menores. La mayor parte de los análisis de políticas relacionadas a la vejez giran en torno a las políticas de salud (de los viejos/as), seguro social, vivienda y otros. Sin embargo, las políticas de menores también impactan con intensidad a las personas de edad mayor en familias de abuelos/as custodios de sus nietos/as, agregando elementos de marginación y dominación a las familias de abuelos/as custodios de sus nietos/as.

Las políticas sociales son productos del sistema económico-político de la realidad socio-cultural contextual y no producto de las necesidades sociales (Estes, 2003). Es cuestionable si la Legislación Núm. 25 de Inmunización Escolar responde de alguna manera a los intereses del sistema económico y no a la necesidad social, como dice la autora. Existe innumerable evidencia de que el mercado farmacéutico, que el propio sistema sustenta y promueve, demuestra constantes aumentos en sus ganancias. El predominio del interés económico en función del Estado se presencia en la obligación a la inmunización de los menores, aun cuando amenacen con la privación de otros derechos de estos como en el caso de la educación de los menores.

El análisis de las políticas sociales tiene que trascender la visión donde la política social se convierte en ley y esta a su vez un instrumento de análisis. Las políticas sociales no necesariamente tienen que estar codificadas en instrumentos legales formales (Shorr en Ruiz, 1997). El Trabajo Social debe colocar en un lugar protagónico de las políticas sociales el análisis de aquellos discursos que promueven fundamentos y valores sociales discriminatorios y la marginación cultural de las poblaciones como médula para definir y estudiar la práctica profesional del Trabajo Social. En este sentido, Rozas-Pegaza (2004) ha hecho un llamado a redefinir la política social en donde considere todo desarrollo como estructurador de ciudadanía y de derechos sociales. Esto permitiría la posibilidad de ver las políticas sociales como instrumento de análisis de una realidad social más abarcadora.

El tema de política social en el Trabajo Social se ha asociado con los procesos de diseño y concepción legislativa de las mismas, cuando este es uno mucho más abarcador. La discusión de ningún tema relacionado con la disciplina del Trabajo Social puede efectuarse si se obvia el análisis de las políticas sociales. Estas (cuando son escritas) definen (o deben definir) cómo el Estado y la sociedad configuran su visión social. Por otro lado, las políticas sociales definen la visión de la sociedad y cómo esta entiende y atiende a las poblaciones desde la ideología social predominante. El entendido de la política social, así como su visión crítica, es lo que hace que surjan estrategias de intervención en la práctica profesional en los niveles individuales, familiares, comunitarios, institucionales y otros. Un proceso de aprendizaje, análisis y comprensión del Trabajo Social, carente de un análisis de política social, es colocar al Trabajo Social en un vacío.

> ...aquí hay muchos abuelos que somos unidos, que pasamos por el mismo dolor... (6:626)

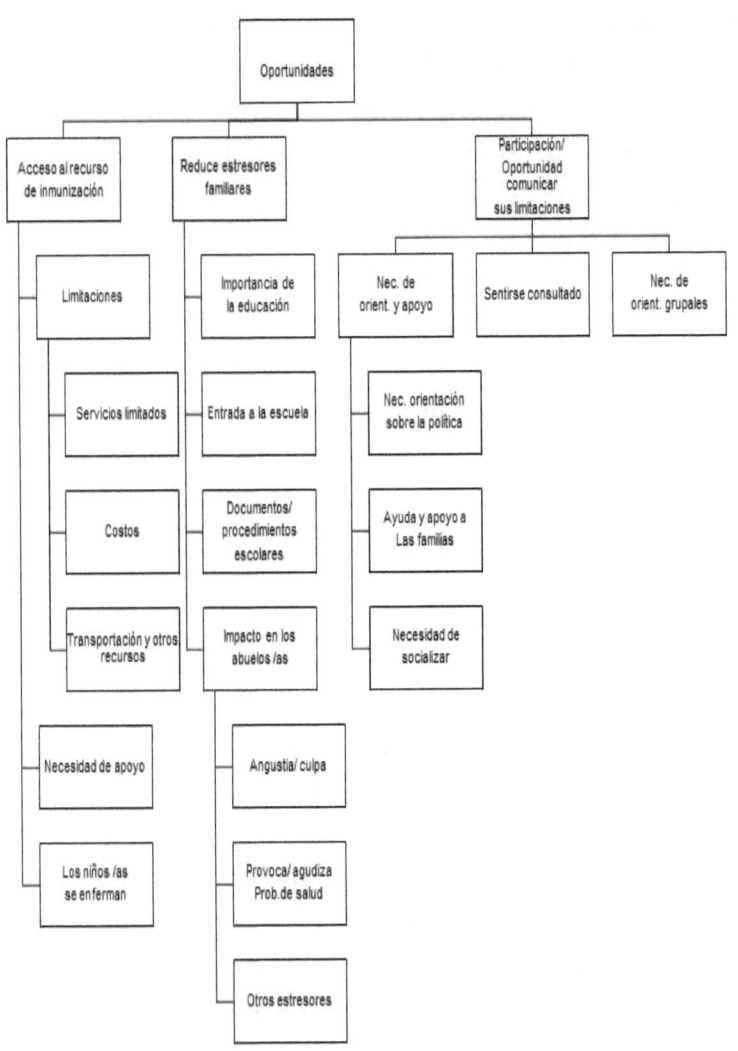

Consideraciones para los programas

Los programas deben considerar las fortalezas de los abuelos/as. Estos deben basar las actividades en sus propios intereses y necesidades sentidas. Los abuelos/as deben ser dueños activos de cómo se dirigen los programas, particularmente los grupos de apoyo. Esto es clave para conducirnos al desarrollo de autonomía, independencia y apoderamiento.

Muchas de las actividades diseñadas para los abuelos/as son concebidas desde una visión educativa que parte de la necesidad de llenarles espacios de conocimiento que estos carecen. Para eso se desarrollan talleres educativos. Esta estrategia propone una contradicción conceptual en las metas antes mencionadas. Las experiencias tradicionales educativas no proveen para que estos refuercen sus propios conocimientos y ayuden a otros, puesto que parten en sí mismas del desconocimiento o falta de destrezas de la población con la que se comparte. Las estrategias del diseño y promoción de las actividades pueden considerar ser promocionadas, realizadas y nombradas: *Grupos de debate, Mesa redonda o Mesas de discusión*. Esta nomenclatura y diseño de las actividades da a los participantes espacio igual para compartir experiencias, destrezas e intereses. De la misma forma, los espacios físicos se organizan de forma circular para disminuir las relaciones de poder. El ambiente puede ser uno informal donde exista la colaboración de ellos mismos para compartir meriendas y materiales provistos por ellos/as mismos.

Los abuelos/as han pasado por experiencias de crianza anteriormente y no necesariamente ha sido su responsabilidad el rumbo que ha tomado la vida de los hijos, así como ocurre en cualquier familia. Hoy discutimos cómo muchos factores sociales afectan e influencian los resultados de la vida de las personas más allá de la crianza o experiencia familiar. Esto supone un cambio de paradigma en la intervención y puede implicar la necesidad de adiestrar personal en el ámbito organizacional.

Los programas y grupos de apoyo deben considerar la integración de otras agencias y recursos comunitarios. Los ejercicios de acortar brechas intergeneracionales pueden llevarse a cabo considerando los estudiantes de las escuelas superiores a los que se les requiere más recientemente horas de experiencias comunitarias. Estos son particularmente útiles para ayudar en actividades relacionadas a la tecnología y apoyando a los nietos/as en los procesos escolares. La experiencia nos ha provisto de evidencia que demuestra que los abuelos/as tienden a tener relaciones menos estresantes con tutores/as jóvenes más que con adultos. Los jóvenes también ayudan a ejercer modelaje a los nietos/as.

Es importante, una vez el ambiente es propicio, fomentar el que los abuelos/as hablen libremente de intereses que pueden resultar incómodos como lo son: elementos de la diversidad, drogas, duelo o sexualidad en general. Estos temas pueden trabajarse a través del cine foro, en donde se comente y se hable de los temas y a la vez se cree la dinámica que antes mencionábamos de participación. Estos procesos sirven como formas de prevención para atender consecuencias negativas de salud, relaciones sociales y otros, promoviendo las relaciones positivas con sus nietos (Pinazo y Lluna, 2016).

El reconocimiento de las habilidades de los abuelos/as es esencial para que se integren a ser líderes en sus propios procesos programáticos y de grupo. Estos pueden dirigir actividades culturales, deportivas o educativas para los niños.

Flujograma de aspectos importantes que guían los procesos programáticos y de grupo en el trabajo con los abuelos/as custodios de sus nietos/as

Comparación de aspectos relevantes de familias tradicionales con abuelos/as custodios de sus nietos/as de acuerdo con la literatura consultada

Familias tradicionales	Familias de abuelos/as custodios de sus nietos/as
Su estructura básica es con relación heterosexual. La relación heterosexual es la relación hegemónica en la sociedad.	Su estructura básica es con relación heterosexual, sin embargo, las personas de edad mayor se encuentran en desventaja social y económica (Sánchez, 2003).
Para los padres, la experiencia de tener hijos/as, más que una crisis, constituye una etapa en el desarrollo del ciclo de vida de la familia (Dubai en López, 2005).	Sufren estresores psicológicos con la responsabilidad de los menores (Kelley en Joslin, 2002; Pinazo, 2003) y Depresión (Estrella, 2005; Fuller- Thompson; Minkler y Driver; Burton; Minker; Roe y Price en Joslin, 2002).
Tienen mayores recursos de apoyo-organizacionales (programas) dirigidos específicamente para los	Son necesarios mayores programas y políticas públicas dirigidas a estas familias (Rivera, 2002).

Familias tradicionales	Familias de abuelos/as custodios de sus nietos/as
padres/ madres.	
Las cortes son más propensas a decisiones dirigidas a la "reunificación familiar" y los derechos de los padres (De Toledo, 1995).	No tienen prioridad legal en casos de otorgar patria potestad, pero son el primer recurso en caso de remociones de menores (Sánchez, 2003); arcecen de recursos legales (Hayslip y Kaminski, 2005).
Sus padres (los abuelos/as) son vistos como acogedores y protectores de las familias, proveen apoyo en momentos de crisis familiares, mediadores. Los abuelos/as en su rol de abuelos/as pueden ser confidentes de los nietos y constructores de historia (Sánchez, 2005).	Se aíslan socialmente. Carecen de redes de apoyo social y familiar. Se sienten solos y creen que sus iguales no pueden entenderlos (Erhle en Hayslip, 2005; Estrella, 2005).
Los hijos tornan a las personas más dependientes de sus cónyuges, parientes, amigos y de la comunidad en general para que les	No tienen a sus padres, quienes pueden ser recursos de ayuda.

Familias tradicionales	Familias de abuelos/as custodios de sus nietos/as
ayuden con el cuidado y supervisión de los niños/as y niñas cuando ellos no pueden, la ayuda o apoyo social que reciben es clave (sobre todo cuando los menores están en etapa preescolar) (López, 2005).	
En términos de la salud física, los padres (ante un nacimiento) sufren fatiga, cansancio físico, angustia, interrupciones en el sueño (López, 2005).	Los abuelos/as poseen poco acceso a los servicios de Salud. Sus problemas de salud se agravan. Tienen problemas con la adherencia a los tratamientos y medicamentos y otros (Rogers, Joslin y Brouard en Joslin, 2002; Cox, 2000).
	En comparación, (aunque mínima), algunos niños/as que se crían con los abuelos/as tienen problemas de salud significativos (Dowdell en Hayslip, 2000; Thomas, Sperry, Yabrough, 2000).

Familias tradicionales	Familias de abuelos/as custodios de sus nietos/as
La comparación de las familias demuestra que las familias tradicionales se encuentran mayor ventaja económica que los abuelos/as custodios de sus nietos/as (Simmons y Lawler, 2003). Muchos padres aumentan el núm. de horas que trabajan o recurren al pluriempleo como alternativa para incrementar los ingresos (Horna y Lupri en López, 2005).	Son más pobres (Simmons y Lawler, 2003). Poseen pocos y ajustados ingresos, insuficientes para las necesidades de los menores (Joslin, 2002; López, 2003), muchos dejan los empleos y beneficios para poder cuidar los menores (Moreno, 1995). El estimado del costo de mantener un niño /a asciende a varios miles de dólares (López, 2005).
Aunque tengan un impacto económico para la familia, los hijos satisfacen importantes necesidades sociales, interpersonales y psicológicas de los padres. Para estos, los hijos representan el valor de logro, competencia y creatividad (López, 2005).	Sufren culpa, vergüenza y ansiedad por el fracaso de sus hijos. Sufren el que los hijos tengan enfermedades emocionales (Moreno y otras, 1995); en el sistema correccional (Joslin, 2002, Millán, 2003, Pinazo y Ferrero, 2003), uso de sustancias, negligencia, abandono de los menores,

Familias tradicionales	Familias de abuelos/as custodios de sus nietos/as
	muerte por HIV (Joslin, 2002, Lopez, 2003, Millán, 2003, Minkler en Moreno, 1995, Sánchez, 2005).
Cuando los varones son padres por primera vez informan un grado mayor de satisfacción personal, autoestima y bienestar general; convertirse en madre se considera como la transición más significativa en la vida de una mujer (López, 2005).	(en términos de género) Tanto los abuelos como las abuelas a cargo de los menores sufren de depresiones, estresores por su rol de responsables de menores, pérdida de libertad y otros (Fuller, 2005; Thomas y otros, 2000).
	Los menores en cuidos alternos como con los abuelos/as experimentan sentimientos de pérdida, coraje y otros, lo que les dificulta mantener relaciones de confianza con el personal de la escuela y compañeros de clase (Kennedy en Hayslip, 2000).
	Muchos de estas familias tienen problemas aún para matricular los menores en

Familias tradicionales	Familias de abuelos/as custodios de sus nietos/as
	las escuelas (Ehrle en Hayslip y Kaminski, 2005). Existe la necesidad de apoyar a los abuelos/as, dado que estos pueden carecer de las destrezas para ayudarlos a hacer las asignaciones (Sánchez en Millán, 2003a).
	Los niños/as demuestran niveles de desarrollo más bajos, dificultades en el proceso de aprendizaje, destrezas de socialización e inhabilidad de enfocar tareas específicas (Van de Kolk en Hayslip, 2000).
	Los abuelos/as tienden a acceder al cuido de menores que tienen problemas de conducta, relacionados con la escuela y problemas neurológicos (Thomas, 2000).

REFERENCIAS

Alvarado Guzmán, A y Rivera Colón, I. (2014). *Abuelos y abuelas... Padres y madres en segunda ronda: Una población en aumento en nuestro país.* San Juan: Publicaciones Puertorriqueñas.

American Psychological Association. (2002). *Manual de estilo de la Asociación Americana de Psicología* (2da. ed.). México: El Manual Moderno.

American Psychological Association. (2003). Guidelines on Multicultural Education, Training, Research, Practice and Organizational Change for Psychologists. *American Psychologists, 58*, 377-402.

Bardach, E. (2000). *A Practical Guide for Policy Analysis: The Eightfold Path to More Effective Problem Solving.* New York: Chatham House Publishers.

Barreto, E. (2004). Opresión y política social: El caso del malestar de menores. *Análisis, 5*, 75-108.

Bauman, Z. (2002). *Modernidad Líquida.* Buenos Aires: Fondo de cultura económica.

Benguigui, Y. (2000). AIEPI: Una estrategia para mejorar la condición de salud de la infancia. *Análisis, 2*(1).

Botcheva, L., & Feldman, S. (2004). Grandparents as family stabilizers during economic hardship in Bulgaria. *International Journal of Psychology, 39*(3), 157-168.

Bruner, J. (1960). *The Process of Education* (4ª. ed.): Autor.

Burgos, N. (2011). *Investigación cualitativa: miradas desde el Trabajo Social*. Buenos Aires: Espacio.

Cardona, J. (2005). *Un acercamiento al fenómeno del dolor desde y para la Psicología*. Disertación doctoral no publicada, Universidad de Puerto Rico, Río Piedras, Puerto Rico.

Carter, J. (2006). Definiendo Familias no tradicionales. Retirado de www.aces.edu/urban

CDC. (2007). Vaccination Laws. Retirado de http://www.cdc.gov

Chambon, A., Irving, A., & Epstein, L. (1999). *Reading Foucalt for Social Work*. New York: Columbia.

Cotton, E. (2006). Social Workers Are Aging Faster Than They Can Be Replaced. Retirado de www.naswdoc.org

Cox, C. (2000). *Empowering Grandparents Raising Grandchildren. A Training Manual For Group Leaders*. New York: Springer.

Cox, C. (2000). *To Grandmother's House We Go and Stay, Perspectives in Custodial Grandparents*. New York: Springer.

Cross, K. (1981). *Characteristics of Adults as Learners (CAL) model*: Base de datos Ebsco.

HHS. (2015). *Cuando los abuelos crían a sus nietos: Un llamado a la acción*. HHS/ACF/AoA. 2007. Español.

Cruz, E. (2001). *Amistad entre hombres puertorriqueños*. Tesis doctoral no publicada, Universidad de Puerto Rico, Río Piedras.

De Toledo, S. (1995). *Grandparents as Parents. A Survival Guide for Raising a Second Family*. New York: Guildford.

Dear, R. (1995). *Social Welfare Policy: Encyclopedia of Social Work*.

Delgado, J., & Gutiérrez, J. (1994). *Métodos y técnicas cualitativas de investigación en Ciencias Sociales*. Madrid: Síntesis Psicología.

Denzin, N., & Lincoln, Y. (1994). *Handbook of Qualitative Research*. London: Sage.

Denzin, N., & Lincoln, Y. (2000). *Handbook of Qualitative Research*. California: Sage.

Disdier, O. M., Lugo, R. & Irizarry, M. (2015). *Perfil del Maltrato de Menores en Puerto Rico: Año Fiscal Federal 2012-2013*. Instituto de Estadísticas de Puerto Rico y Departamento de la Familia. Obtenido de www.estadisticas.gobierno.pr

Engels, F. & Marx, K. (2001). *El origen de la familia, la propiedad privada y el Estado; Del socialismo utópico al socialismo científico*. Madrid: Cofás, S.A.

Enright, R. (1994). *Social Gerontology*. Chicago: Allyn and Bacon.

Estes, C. (2001). *Social Policy and Aging, a Critical Perspective*. Thousand Oaks: Sage Publications, Inc.

Estes, C. (2003). *Social Theory, Social Policy and Ageing, a Critical Introduction*. Berkshire: Open University Press.

Estrella, R. (2005). Familia y Persona de edad mayor. Carmen Delia Sánchez, editora. *Red Estudio para la Vejez, II Seminario Centroamérica y el Caribe*.

Estrella, R. (n. d). *Nuevas realidades de las familias puertorriqueñas*. Retirado de: http://www.rediberoamericanadetrabajoconfamilias.org/puertorico/pdf/puertorico02.pdf

Fondo de las Naciones Unidas para la Infancia. (2006). Retirado de http://www.unicef.org/spanish/

Fook, J. (2002). *Social Work: Critical Theory and Practice.* London: Sage Publisher.

Forester, J. (1999). *The Deliberative Practitioner.* Cambridge: MIT Press.

Foucalt, M. (1977). *Discipline and Punish.* London: Allen Lane.

Freire, P. (2002). *Pedagogía del Oprimido.* México: Siglo XXI.

Fuller Thomson, E., Hayslip, B. & Hicks, J. (2005). Diversity among grandparent caregivers. *Int'l J. Aging and Human Development, 60*(4), 269-272.

García, E., Gil, J. & Gómez, G. (1999). *Metodología de la Investigación Cualitativa.* Granada: Ediciones Aljibe.

García, V. (2013). *Identificación de las necesidades socio educativas de los abuelos y abuelas educadores.* Tesis Máster en Intervención e Investigación Socio-Educativa: Universidad de Oviedo.

Gil, D. (1998). *Confronting Injustice and Oppression.* New York: Columbia.

Grobman, L. (2006). *Social Work E-News: The New Social Worker on Line.*

Grosman, C. & Herrera, M. (2011). *Una Intersección Compleja: Ancianidad, Abuelidad y Derecho de Familia (A Tough Intersection: Elderly, Grandparenting and Family Law)* (December 21, 2011). Oñati Socio-Legal Series, Vol. 1, No. 8, 2011. Available at SSRN: http://ssrn.com/abstract=1975347

Guardiola, D. (1998). *Trabajo Social en Puerto Rico: ¿Asistencia, Desarrollo, Transformación?* San Juan: Editorial Edil.

Guardiola, D. (2002). *Política Social y Trabajo Social en Puerto Rico.* San Juan: Publicaciones Puertorriqueñas.

Guardiola, D. (2006). *El Trabajo Social en el caribe antillano, un análisis crítico de su situación: retos y perspectivas* (Vol. II). San Juan: La Editorial, Universidad de Puerto Rico.

Guardiola, D., Canino, M. & Pratts, S. (1984). *Política Social, Estudio comparativo Cuba y Puerto Rico.* San Juan: Publicaciones Puertorriqueñas.

Gubrium, J. & Holstein, J. (2002). *Handbook of Interview Research, Context and Method.* Thousand Oaks: Sage.

Hanson, M. (2004). *Understanding families: approaches to diversity, disability, and risk.*

Haslam, R. (1983). *Problemas médicos en el aula, el papel del profesor en su diagnóstico y tratamiento*. Madrid: Santillana.

Hayslip, B. (2000). *Grandparents Raising Grandchildren. Theorical, Empirical and Clinical Perspectives*. New York: Springer.

Hayslip, B. & Kaminski, P. (2005). Grandparents Raising Their Grandchildren: A Review of the Literature and Suggestions for Practice. *The Gerontologist, 45* 262-269.

Hispanic P. R. Wire. (2003). Ley Abuelos Albany. Retirado de http://www.hispanicprwire.com/news

Horkheimer, M. (2002). *Critical Theory, Selected Essays*. New York: The Continuum Publishing Co.

Humm, R., Ort, B., Mazen, M., Lader, W. & Scott, W. (1994). *Child, Parent & State: Law and Policy Reader*. Philadelphia: Temple University Press.

INFAD (2008). Revista de Psicología. *International Journal of Developmental and Educational Psychology*, N° 1, Vol. 4, 2008. ISSN: 0214-9877. pp: 455-464.

Instituto de Investigaciones del Mar. (2005). Retirado en octubre de 2005 de www.pes.fvet.ed

Irrizarry, F. (2016, 3 de noviembre). *Abuelos criando de nuevo*. Retirado de primera hora.com

Jones, C. (1984). *An Introduction to the Study of Public Policy*. Monterrey: Brooks/ Cole.

Joslin, D. (2002). *Invisible Caregivers, Older Adults Raising Children in the wake of HIV/ AIDS*. New York: Columbia University Press.

Kant, E. (1987). *¿Qué es la Ilustración?* FCE. Méjico.

Kelchner, E. & Rosenwald, M. (2005). It takes a village: Involving the Community When Grandparents Raise Grandchildren. *Council on Social Work Annual Meeting*. Chicago.

The Annie E. Casey Foundation. (2010). Kids Count. Baltimore, MD: Author. Retrieved from http://www.aecf.org/resources/the-2010-kids-count-data-book/

Kingston, E. (2004). Economic and Political Perspectives on Old Age Policies. *The Gerontologist, 44*(5), 72-577.

Kinsella, K. & Velkoff, V. (2001). *An Aging World: 2001*. Washington: US. Census Bureau.

Kirst, K. (2006). *Understanding Generalist Practice*. Belmont: Thompson.

Kivisto, P. (2003). *Social Theory, Roots and Branches* (Second Edition ed.). Los Angeles: Roxbury Publishing Co.

Legislatura de Puerto Rico. (1974a). Diario de Sesiones: Estado Libre Asociado de Puerto Rico.

Legislatura de Puerto Rico. (1974b). *Ley de Inmunización Compulsoria* (Vol. 235): Estado Libre Asociado de Puerto Rico.

Legislatura de Puerto Rico. (1983). *Inmunización Escolar* (Vol. Ley Núm. 25): Estado Libre Asociado de Puerto Rico.

Longress, J. (2000). *Human Behavior in the Social Environment*. Illinois: F. E. Peakock.

López, E. (2003). Aplicación de la tecnología al diseño de evaluación en Trabajo Social: un estudio de caso, *Tercera Conferencia de Trabajo Social Forense*. Recinto Metropolitano de la Universidad Interamericana de Puerto Rico.

López, N. (2005). *La familia: un enfoque interdisciplinario*. San Juan: Publicaciones Lilo.

Louw, L. (2006). *One World, Many Cultures, New Challenges*. Presentación realizada en Council on Social Work Annual Meeting, Chicago.

Lucca, N. & Berríos, R. (2003). *Investigación Cualitativa en Educación y Ciencias Sociales*. Hato Rey: Publicaciones Puertorriqueñas.

Lucca, N. & Berríos, R. (2009). *Investigación Cualitativa: Fundamentos, diseños y estrategias*. Cataño: SM.

Matus, T. (2001). *Perspectivas Metodológicas en Trabajo Social*. Buenos Aires: Espacio.

Mendicoa, G. & Veneranda, L. (1999). *Exclusión y Marginación Social*. Buenos Aires: Espacio.

Millán, C. (2003, 24 de agosto-a). Abuelos que retoman la tarea de criar. *El Nuevo Día*, p. 4.

Millán, C. (2003, 24 de agosto-b). Carrera contra el tiempo por los nietos. *El Nuevo Día*, p. 8.

Millán, C. (2003, 24 de agosto-c). Pedido de ayuda para hogares expandidos. *El Nuevo Día*, p. 6.

Morales, S. (2006, 14 de julio). Emprende Salud campaña escolar de vacunación. *El Nuevo Día*, p. 9.

Morán, C. (2007, 23 de marzo). Casi la mitad de las mujeres que cuida a sus nietos lo hace a diario. *El País*: Madrid. Retirado en el 2016 de: http://elpais.com/diario/

Moreno, W., Rivera, L., Santiago, M. & Solís, J. (1995). *Abuelos/as como custodios de nietos/as*. Tesis de maestría no publicada, Universidad de Puerto Rico, Río Piedras, San Juan, Puerto Rico.

Mosley, H. (1984). Child Survival: Research and Policy. *Population and Development Review, 10,* 3-23.

Nagy, S. & Levy, P. (2004). *Approaches to Qualitative Research*. New York: Oxford University Press.

National Center for Disability Research. (2005). Retirado de www.ncddr.org

New York Presbyterian Hospital (2005). *Cambio de Roles y Transiciones: Abuelos que crían a sus nietos*.

Norward, J. & Williams, C. (2005). *No Grandchildren Left Behind: Educational Issues Faced by Grandparents*. Paper presented at the Council on Social Work Annual Meeting, Chicago.

Organización Panamericana de la Salud. (1999). *41 Consejo Directivo, 51 Sesión de Comité*. San Juan, Puerto Rico.

Parés, M. (2005, 18 de octubre). Suspensión de estudiantes por falta de vacunas. *El Nuevo Día,* p. 9.

Parés, M. (2006, 26 de julio). Pediatras reiteran trabas para ofrecer vacunación. *El Nuevo Día*, p. 10.

Payne, M. (2005). *Modern Social Work Theory*. Chicago: Lyceum.

Pinazo, S. & Ferrero, C. (2003). Impacto Psicosocial del acogimiento familiar en familia extensa: el caso de las abuelas y los abuelos acogedores. *Rev. Mult. Gerontol, 13*(2), 89-101.

Pinazo, S. & Lluna, J. (2016). Menores criados por sus abuelas. Mejora de las pautas de cuidado a menores en acogimiento familiar en familia extensa a través de un programa de intervención psicoeducativo. *Revista sobre la infancia y la adolescencia*, [S.l.], n. 1, p. 14-34, sep. 2011. ISSN 21747210. Disponible en: http://polipapers.upv.es/index.php/reinad/article/view/834>. Fecha de acceso: 24 sep. 2016doi: http://dx.doi.org/10.4995/reinad.2011.834

Polivka, L. (1999). Critical Gerontology. *Journal of Cross Cultural Gerontology, 14*, 191-195.

Porter, E. & O'Donell, M. (2006, 17 de septiembre). Más solteros por elección. *El Nuevo Día*, p. 3.

Programa de Educación para la Salud propuesto por la Fundación Mexicana para la Salud. (2000). Retirado en septiembre de 2002 de http://www.unam.mx/enlinea/funsalud/educysa.html

Quiñonez de Rodríguez, C. (1975). *Cambios en las funciones básicas de la familia*.

Quintero, A. (2002). Familia y Vejez. *Análisis, 3* (1).

Richman, J. & Cook, P. (2004). A Framework for teaching Family Development for the Changing Family. *Journal of Teaching in Social Work, 24,* 1-18.

Rivera, L. & Otras. (2002). *Abuelita me está criando: características psicosociales, culturales y educativas de los niños/as según vistas por los abuelos/as que los criaban.* Tesis de maestría no publicada, Universidad de Puerto Rico, Río Piedras.

Robles, L., Vázquez, F., Reyes, L. & Orozco, I. (2006). *Miradas sobre la vejez.* Méjico: Plaza y Valdez Editores.

Rodríguez, F. (2007, 10 de mayo). Más oneroso cuidar a un reo que educar un estudiante. *El Nuevo Día,* p. 50.

Rodríguez, I. (2007, 8 de febrero). Revolución en la Familia. *El Nuevo Día,* p. 6.

Roque, Y. (2005). Familia y Persona de edad mayor. Carmen Delia Sánchez, editora. *Red Estudios de la Vejez Atlantea, II Seminario Centroamérica y el Caribe.*

Rozas-Pegaza, M. (2004). *Tendencias teóricas epistemológicas y metodológicas en la formación profesional. Seminario Latinoamericano de Escuelas de Trabajo Social.* Buenos Aires: Espacio.

Ruíz, M. (1997). *Organización de la comunidad y Política Social*. San Juan: Edil.

Ruíz, M. (1998). *La práctica del Trabajo Social: de lo específico a lo genérico*. San Juan: Editorial Edil.

Sánchez, C. (1999). *Gerontología Social*. San Juan: Publicaciones Puertorriqueñas.

Sánchez, C. (2003). *La mujer de edad mayor en una sociedad feminizada, Seminario Centroamérica y el Caribe, Red de estudios de la vejez*. San José: Editorial Euned.

Sánchez, C. (2005). Familia y Persona de edad mayor. *Red Estudios de la Vejez Atlantea, II Seminario Centroamérica y el Caribe.*

Sánchez, E. (2000). *Todos con la esperanza: continuidad de la participación comunitaria*. Caracas: Comisión de estudios de post grado, Universidad Central de Venezuela.

Schettini, P. & Cortazzo, I. (2015). *Análisis de datos cualitativos en la investigación social: procedimientos y herramientas para la interpretación de información cualitativa*. - 1a ed. - La Plata: Universidad Nacional de La Plata, 2015. E-Book.

Seda, R. (2003). *Desarrollo y Educación del Trabajo Social en Puerto Rico*. Presentación realizada en el Congreso de Trabajo Social Dorothy Bourne, Universidad de Puerto Rico, Recinto de Río Piedras.

Serrano, C. (2015, 5 de febrero). *El reto de criar nietos*. Retirado de http://www.elnuevodia.com/

Shokooh, F. (2006, 2 de septiembre). Enamorados... sin derechos legales, Senado tiembla ante el concubinato. *Primera Hora,* p. 9.

Simmons, T. & Lawler, J. (2003). *Grandparents Living with Grandchildren: 2000*: U. S. Census, 2000.

Simson, G. (2005). *An Ecological Perspective of Family Resourses Among African American Grandmother Kinship Caregivers*. Presentación realizada en Conferencia anual del Council on Social Work Education.

Thomas, J., Sperry, L. & Yarbrough, M. (2000). Grandparents as Parents: Research findings and Policy Recomendations. *Child Psychiatry and Human Development, 31*(1).

UNICEF. (1999). *Human Rights for Children and Woman*. Retirado de www.unicef.com

United Explanations (2016). *¿Cuáles son los desafíos de un mundo que envejece acelerado?* Retirado de unitedexplanations.org

Universia (2015, 20 de marzo). *Estudio sobre el adulto mayor en Puerto Rico revela duras realidades.* Retirado de http://noticias.universia.pr/cultura/noticia/2015/03/20/1121906/estudio-adulto-mayor-puerto-rico-revela-duras-realidades.html

Universidad de Cornell. (2006). *Abuelos que crían a sus nietos.* Retirado de www.Cornellcares.com

U.S. Census. (2000). Census Database, *Census Beureau Database*: U. S. Census.

U.S. Census. (2010). Census Database, *Census Beureau Database*: U. S. Census.

Whitley, D. & Kelley, S. (2015). *Cuando los abuelos crían a sus nietos: Un llamado a la acción.* HHS/ACF/AoA. 2007. Español.

Young, I. (1990). *Justice and the Politics of Difference.* New Jersey: Princeton University Press.

www.ingramcontent.com/pod-product-compliance
Lightning Source LLC
Chambersburg PA
CBHW030445290526
45786CB00001B/451